BULLETIN DOCOMOMO FRANCE

Numéro spécial édité par DOCOMOMO France | avril 2017

CLAUDE PARENT, LA PENSEE SUBVERSIVE, L'ŒUVRE PERTURBATRICE

EDITORIAL   3

par Richard KLEIN

CLAUDE PARENT, CONTRADICTEUR ET SUIVEUR D'UNE MODERNITE DISGRACIEE   5

par Audrey JEANROY

Approfondissement critique. Claude Parent entre la « mythification » de la théorie de la fonction oblique et la pratique architecturale.

L'ŒUVRE BATIE DE CLAUDE PARENT, UN ENJEU PATRIMONIAL   15

par Alice WEIL

Les œuvres majeures de Claude Parent. Réflexions sur la réception actuelle et le processus de préservation et de mise en valeur patrimoniale de sa production architecturale.

VERS L'OBLIQUE. LA VILLA DRUSCH A VERSAILLES, UN HERITAGE A PRESERVER   25

par Milena CRESPO

La question patrimoniale de la villa Drusch à Versailles. Bâtiment manifeste de la production architecturale de Claude Parent, ne bénéficiant d'aucun titre de protection, cet édifice de transition est l'issue d'une expérimentation architecturale en rupture avec les dogmes du modernisme, vers l'aboutissement des principes de la fonction oblique.

MAISON DE L'IRAN - FONDATION AVICENNE   31

par Riccardo FORTE, Milena CRESPO et Alice WEIL

Fiche d'inventaire rédigée suivant les critères adoptés par le DOCOMOMO International Register – National Selection of Modern Architecture.

« REINTERROGER » LE MODERNE : LE PROJET DE REHABILITATION DE LA FONDATION AVICENNE A LA CITE INTERNATIONALE UNIVERSITAIRE DE PARIS — 43

par Gilles BEGUIN et André MACCHINI

Le projet de réhabilitation de la Fondation Avicenne par l'agence des architectes Béguin & Macchini. Une attention particulière a été consacrée aux caractéristiques technologiques du projet d'origine, à ses innovations et à ses « limites », ce qui met en évidence la problématique de l'obsolescence précoce des bâtiments métalliques construits dans la deuxième moitié du XXe siècle.

INVENTAIRE DES PROJETS REALISES PAR CLAUDE PARENT (1952-1996) /ARCHIVES — 53

par Audrey JEANROY

BIBLIOGRAPHIE — 63

ÉDITORIAL

Claude Parent avait tout pour plaire. Depuis le *groupe Espace* en 1951 où il sait tirer parti de la fréquentation d'un des rares néo-plasticiens français, Félix Del Marle, et du fondateur de la revue *L'Architecture d'Aujourd'hui*, André Bloc, jusqu'à son entrée à l'Académie qui l'accueille au cours de l'année 2005, Claude Parent était un activiste de l'architecture souvent présent là et au moment où il le fallait. Concepteur de maisons d'exception comme de grandes commandes institutionnelles, cultivant la figure de l'architecte artiste – belles voitures et tenues spectaculaires dans les années 1970 – attirant les fidèles qui lui assurent maintenant une forme de filiation, rebelle, non diplômé mais reconnu puis, célébré par la profession et les institutions, Claude Parent était un dessinateur talentueux, un personnage accueillant et généreux.

L'inventeur de *la fonction oblique*, une théorie positive élaborée au moment où le modernisme finissant rencontre la libération des corps, est adulé par quelques zélateurs depuis une vingtaine d'années et sujet d'une exposition à la Cité de l'architecture et du patrimoine en 2010. On pourrait s'imaginer que le devenir matériel de ses œuvres est assuré. L'avenir des architectures de Claude Parent décédé le 27 février 2016 à l'âge de 93 ans, est cependant marqué par le contraste des situations. Malgré la reconnaissance de l'œuvre et la célébration de l'architecte, les conditions matérielles de la transmission d'une partie de son héritage restent très incertaines.

Les contributions de Milena Crespo, Riccardo Forte, Audrey Jeanroy, Alice Weil, Gilles Beguin et André Macchini éclairent les aspects historiques comme le devenir matériel des réalisations ainsi que les questions posées par l'héritage de cette figure singulière. La prise en considération positive et attentive à la sauvegarde matérielle côtoie les édifices en situation difficile qui ne devront vraisemblablement leur préservation qu'à la ténacité et à la vigilance de quelques militants.

Docomomo France consacre donc cette nouvelle livraison du *Bulletin* à la figure paradoxale de cet architecte dont l'œuvre reconnue est pourtant en partie menacée à l'instar de très nombreux exemples de l'héritage de l'architecture du XXe siècle dont le devenir matériel est toujours incertain. Nous devons à la générosité de Naad Parent la possibilité d'illustrer ces contributions et ce présent numéro spécial du *Bulletin Docomomo France*. La générosité de Claude Parent avait permis la réédition au cours de l'année 2004 de l'ouvrage initialement publié en 1970, *Vivre à oblique*[1] et l'édition du livre[2] consacré à l'église Sainte-Bernadette du Banlay à Nevers. Dans l'introduction de cet ouvrage Claude Parent estimait que l'église de Nevers venait de gagner sa guerre[3] et qu'elle avait provisoirement gagné la bataille de l'actualité destructrice. Cette bataille n'est manifestement pas encore gagnée pour une bonne partie de l'architecture du XXe siècle.

Richard KLEIN
Président de Docomomo France

---

[1] Claude Parent, *Vivre à l'oblique*, (1970) Jean Michel Place, architecture/archives, Paris 2004.
[2] Christophe Joly, Claude Parent, Paul Virilio, *Eglise Sainte-Bernadette à Nevers*, Jean Michel Place, architecture/archives, Paris 2004.
[3] L'église de Nevers est inscrite à l'inventaire le 13 janvier 2000 puis, le 25 mai de la même année, elle est classée au titre des Monuments historiques.

CLAUDE PARENT, CONTRADICTEUR ET SUIVEUR D'UNE MODERNITÉ DISGRACIÉE

L'étude de la carrière de Claude Parent (1923-2016) [ill. 1] révèle une figure complexe et souvent contradictoire, si bien qu'en dresser un portrait fidèle revient le plus souvent à l'observer en creux, c'est-à-dire à considérer les traces et les non-dits avant le discours, les zones d'ombre avant les coups d'éclat[1]. Une analyse frontale de ses prises de position à travers ses textes pamphlétaires ferait émerger à tort un architecte marginal, sans cesse à contre-courant. Le travail que nous avons mené depuis 2007[2] montre, à l'inverse, un architecte souvent à contretemps et un homme tiraillé entre ses ambitions et la réalité du contexte architectural. Ainsi, à la fin des années 1940, il refuse de passer le diplôme de l'École nationale des beaux-arts de Paris, alors que dans le même temps la profession d'architecte se technocratise. Dans les années 1960, il s'insurge contre les grands ensembles[3] alors que la France connaît une grave crise du logement et que l'État met en place une politique offensive dans ce domaine.

Claude Parent défend, enfin, une architecture contextuelle, dépendante d'une lecture subjective du site, alors que le contexte économique, social, politique et technique pousse les architectes à la préfabrication lourde ou légère. Parallèlement, il cherche à accéder à la commande publique, accepte les récompenses académiques, comme le Grand Prix National d'Architecture en 1980, et n'hésite pas à s'approprier des partis architecturaux en vogue lors de plusieurs concours. Dans les années 1980, il reprend notamment à son compte l'idée de l'immeuble-pont du ministère de l'Économie, des Finances et du Budget (Paris, 1982-1989, Paul Chemetov, Borja Huidobro) pour les concours du Parc de Passy (Paris, 1988, n.r.), de la ZAC Louise Michel (Besançon, 1988-1989, n.r.) et de l'hôtel du département des Bouches-du-Rhône (Marseille, 1990, n.r.). Le paradoxe de la posture de Claude Parent réside ainsi dans l'écart qui existe entre ses textes critiques et son action, révélant souvent un architecte plus suiveur qu'il n'ose l'admettre et plus innovant qu'on pourrait le penser.

Des collaborations constructives

L'instabilité de sa situation professionnelle et son goût pour la prospection font de Claude Parent un architecte adepte de la collaboration, bien qu'il ne questionne jamais les enjeux de cette pratique. Qu'elle soit de courte ou de longue durée, la collaboration est essentielle au développement de sa pensée architecturale et à sa progression dans le métier. Les limites sont pourtant nombreuses. Face à un architecte créateur, à la recherche de formes et de configurations inédites, les réflexions de Ionel Schein (1927-2004) sur l'urbanisme et le renouveau des techniques constructives, et la pensée situationniste et engagée de Paul Virilio (né en 1932), ne tardent pas à perdre de leur intérêt à ses yeux. Les leçons du sculpteur et directeur de revues André Bloc (1896-1966) seront bien plus fécondes. À la fois maître à penser et intercesseur, Bloc a des arguments pour se faire entendre et prend en charge une partie de la formation du jeune architecte. Il encourage son sens plastique et réussit, jusqu'à un certain point, à faire de lui un architecte collaborateur engagé dans la synthèse des arts. En retour, le jeune architecte fait ses classes au sein de la revue d'architecture de langue française la plus renommée dans le monde, *L'Architecture d'aujourd'hui*, où il bénéficie d'une forme de complaisance, ses projets, même les plus modestes, à l'instar de l'immeuble d'habitation à Viroflay (1956, n.r.), y étant illustrés. Même lorsqu'il prendra ses distances avec André Bloc, Claude Parent conservera une place éminente dans les revues fondées par le sculpteur.

---

[1] L'auteur précise que cet article a été écrit avant le décès de Claude Parent, survenu le 27 février 2016.

[2] Audrey Jeanroy, *Claude Parent, architecture et expérimentation, 1942-1996 : itinéraire, discours et champ d'action d'un architecte créateur en quête de mouvement*, sous la dir. de Jean-Baptiste Minnaert, Th. doct., Histoire de l'art, Université François-Rabelais de Tours, 2016, 3 vol., 1434 p.

[3] Claude Parent, Patrice Goulet, « Architecture urbanisme », *Aujourd'hui : art et architecture*, n. 51, nov. 1965, p. 1-3.

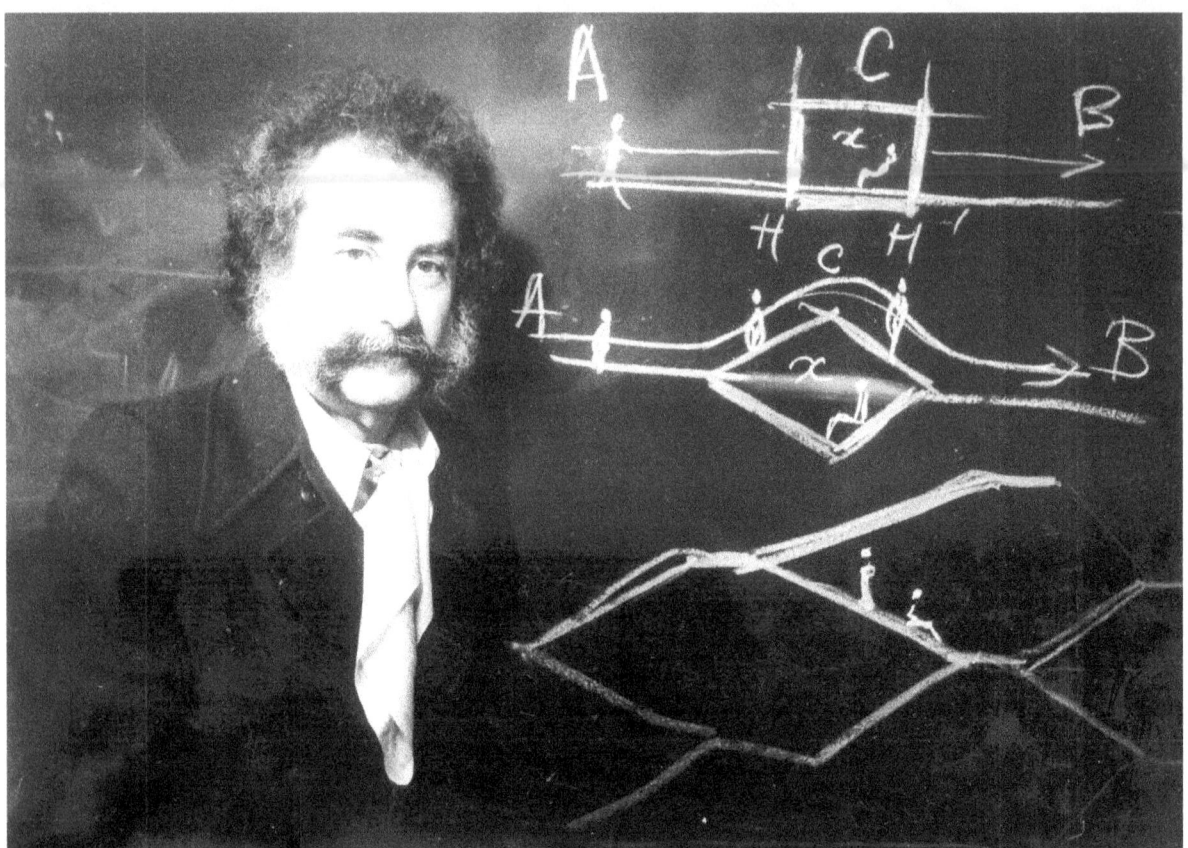

*Ill. 1. Claude Parent lors d'une conférence sur la fonction oblique, années 1970
(Archives privées Claude Parent, Neuilly-sur-Seine, © inc.).*

Un architecte de la planche à dessin

Claude Parent reste durant toute sa carrière un homme de la planche à dessins plus que du chantier, un architecte de la forme plus que la technique. Il assume d'ailleurs très bien le fait de concevoir un projet sans savoir comment il pourra être réalisé. Le cas de l'église Sainte-Bernadette du Banlay à Nevers (1963-1966) **[ill. 2]** est archétypal sur ce point. En 1963, au moment de la conception de l'église, ni Claude Parent, ni Paul Virilio – ni François Sonnet, l'architecte conseil nivernais qui les accompagne – ne sait comment donner l'illusion d'une membrane homogène et continue en béton armé. La solution mixte qui est finalement choisie, associant deux séries de portiques métalliques et des voiles en béton brut de décoffrage, n'apparaît que tardivement, à la fin de l'année 1964. Elle est proposée par l'ingénieur-conseil Gérard Ghiglia, neveu de l'entrepreneur Jean-René Dupuch, ami de longue date de Claude Parent, déjà en charge du gros-œuvre[4]. Une fois le site subjectivement appréhendé et le projet constitué, Claude Parent s'éloigne peu à peu du chantier, tout en continuant à s'intéresser à la bonne tenue de l'exécution, notamment celle des façades en béton armé.

---

[4] « Technique », *Architecture Principe*, numéro spécial, mai-juin 1966, p. 9.

Ill. 2. Eglise Sainte-Bernadette du Banlay, Nevers, lors du chantier, 1966. Vue de la façade sud (Archives privées Claude Parent, Neuilly-sur-Seine, © Patrice Goulet).

Son environnement professionnel n'est pas celui des techniciens ou des ingénieurs mais davantage celui des revues d'architecture et des artistes. Un réseau d'entrepreneurs fidèles et compétents – Marcel Bercu, Jean Blanc ou Jean-René Dupuch –, ainsi que le recours à des ingénieurs-conseils, l'aideront à compenser certaines carences. L'architecte se singularise encore en oeuvrant aux côtés de plasticiens renommés : Nicolas Schöffer (1912-1992), Cícero Dias (1907-2003), Yves Klein (1928-1962), Yaacov Agam (né en 1928) ou Jean Tinguely (1925-1991). Si Claude Parent fait alors figure de collaborateur privilégié, ce n'est pas pour ses compétences techniques mais pour son coup de crayon assuré et sa capacité à penser des espaces autour d'idées et de concepts sans formes précises, à l'image de l'*Architecture de l'air* (1959-1962) d'Yves le Monochrome. Parallèlement à sa collaboration avec André Bloc, il puise dans ses associations momentanées une confirmation de sa ligne de conduite et une façon d'appréhender l'architecture, libérées des normes de l'usage et de la réglementation.

Contrairement aux architectes rationalistes qui construisent sur la base de systèmes logiques répétés et adaptés aux techniques de la préfabrication, Claude Parent débute souvent la conception d'un projet par une esquisse autographe décomplexée et fidèle à ses aspirations architecturales **[ill. 3]**. Face aux données du programme, à la réglementation, au financement ou au désir du commanditaire, cette vision idéalisée se désagrège peu à peu, laissant l'architecte dans un état de frustration clairement identifiable à travers ses écrits[5]. Son horreur du compromis le mène d'ailleurs parfois à renoncer à une collaboration ou à menacer de se désengager d'un projet si son parti n'est pas respecté, comme à l'occasion de la réalisation des bureaux du Service études et projets thermiques et nucléaires (SEPTEN) d'EDF (Villeurbanne, 1981-1984).

---

[5] Voir Claude Parent, *Architecte*, Paris, Robert Laffont, 1975, 381 p. et Claude Parent, *Colères ou la Nécessité de détruire*, Marseille, Michel Schefer, 1982, 74 p.

Ill.3. Projet d'ambassade de France à Washington, 1975. Dessin, 4 mai 1975 (Archives privées Claude Parent, Neuilly-sur-Seine, © Audrey Jeanroy).

Son opiniâtreté a des conséquences multiples et, en premier lieu, sur le profil et l'organisation de son agence. L'intérêt que porte Claude Parent aux agences espagnoles de Juan Daniel Fullaondo (1936-1994), Antonio Fernández Alba (né en 1927) et Franciso Javier Sáenz de Oíza (1918-2000) dans les années 1960-1970 trahit alors les ambitions pour sa propre structure. En 1973, il fait ainsi l'éloge de ces « petites agences, modestes structures de travail [qui] demeurent les données de base d'une créativité vivante et originale. On sent l'artisanat présent derrière la création architecturale »[6]. Jamais Claude Parent n'envisagera de délimiter clairement les contours de son activité théorique et prospective, ainsi que le fera des années plus tard Rem Koolhaas (né en 1944) avec ses agences AMO et OMA. L'agence neuilléenne de Claude Parent est le lieu unique où naissent des projets que l'on pourrait qualifier de démonstratifs, tels l'esquisse pour le concours du Centre Beaubourg (1970) ou l'*Inclipan* (1973-1974, Irène Labeyrie, Pierre Aioutz, n.r.), imaginé dans le cadre de la 5e session du Programme Architecture Nouvelle (PAN), et des projets plus réalistes, comme les quatre centres commerciaux avec hypermarchés commandés par la Société Anonyme Immobilière des Grands Magasins d'Approvisionnement Général (SAIGMAG), réalisés entre 1967 et 1971. La volonté créatrice de Claude Parent a également des effets sur le faible volume d'affaires traitées par l'agence, après la période faste des années 1950-1960 dominée par le programme de la maison individuelle, et sur le profil de ses commanditaires. À l'exception d'EDF, qui prendra une part prépondérante à partir de 1974, les maîtres d'ouvrage habituels de l'agence Parent sont souvent des commanditaires privés, issus du réseau familial, amical ou professionnel direct de l'architecte. Qu'ils aient entendu parler de son architecture par la presse ou par une relation, tous ont à cœur d'initier un projet innovant, voire avant-gardiste, qu'ils seront finalement peu à mener à terme. Même les promoteurs immobiliers qui s'adressent à Claude Parent ont un profil singulier. Paul Salmon,

---

[6] Claude Parent, « Barcelone », *L'Architecture d'Aujourd'hui*, n. 167, mai-juin 1973, p. XLIV.

directeur de la Foncière des Champs-Élysées[7], et Jean Goulet, co-directeur de la SAIGMAG, sont tous deux intéressés par l'art de bâtir et soucieux de produire une architecture inspirée pouvant se distinguer dans le panorama de la production française de leur secteur.

Une architecture à dimension sociale

Pour Claude Parent, l'architecture n'est pas un objet à dimension sociale comme l'entendent, par exemple, les membres de l'Atelier de Montrouge (1958-1981) ou de l'AUA (1960-1985). En effet, s'il envisage l'amélioration des conditions de vie du plus grand nombre c'est, paradoxalement, par le biais de la déstabilisation et de l'inconfort à l'intérieur de l'habitat, et par le moyen de la présence de l'Architecture au sein de la ville. Refusant le principe de l'intégration, il souhaite que l'objet architectural s'impose dans le tissu urbain, ceci dans le but d'élever la conscience architecturale de la population, comme il le fera à travers les affichages urbains (1972-1973) et les praticables (1969-1975), structures éphémères accidentées permettant l'expérimentation de la fonction oblique. Pour ce faire, il privilégie des partis architecturaux qui particularisent l'édifice dans son environnement immédiat. Claude Parent va même jusqu'à produire des projets monumentaux suscitant par eux-mêmes un nouveau paysage urbain en opposition à la trame préexistante, comme le montre le projet d'Architecture Principe[8] pour le Palais des expositions de Charleville (1965-1966, n.d.) **[ill. 4]**. Dans le cadre des centres commerciaux et des centrales nucléaires[9], particuliers pour leur échelle et le paysage souvent agraire les entourant, la vision de Claude Parent est partiellement mise en œuvre. Hors de ce cadre, il lui sera beaucoup plus difficile d'imposer ce parti. Ceci ne signifie pas, pour autant, que son architecture ignore le principe de la liaison. L'architecte produit plusieurs projets « surmontables », pensant ainsi accroître la surface de l'espace public autour de ses édifices, comme c'est le cas pour le Palais de justice d'Annecy (1972, n.r.) et le siège social d'Elf-Gabon à Libreville (1973, n.r.).

Quel patrimoine pour demain ?

Claude Parent laisse à la postérité une œuvre foisonnante, difficile à caractériser, dont certains édifices de premier plan sont aujourd'hui en très mauvais état, comme la Fondation Avicenne (CIUP, 1959-1969) – anciennement Maison de l'Iran – et l'église du Banlay, ou déjà détruits, à l'image des boutiques du centre commercial du Mont Saint-Pierre à Tinqueux (1968-1971), du supermarché *La Folie* à Nanterre (1957-1958) et du bâtiment social-restaurant de l'ancien centre Thomson-Houston (Vélizy-Villacoublay, 1966-1969). Depuis la fermeture de son agence en 1996, la réception de l'œuvre de Claude Parent a pourtant connu une progression étonnante.

---

[7] La Foncière des Champs-Élysées est l'une des plus anciennes sociétés immobilières françaises. Créé en 1925, elle est dirigée dans les années 1960-1970 par Paul Salmon. Claude Parent entre en contact avec lui par l'intermédiaire de la famille de l'homme d'affaires. L'entreprise commande plusieurs immeubles d'habitation à l'agence Parent entre 1961 et 1980, dont l'immeuble *Maine 214* (Paris, 1961-1963), les résidences de *La Mirandole* (Vallauris, 1962-1975) et la résidence du *Parc de Marly* (Marly-le-Roi, 1966).

[8] Le terme « Architecture Principe » désigne ici le binôme que forment Claude Parent et Paul Virilio de 1963 à 1969. De façon plus générale, ce vocable sert à nommer le groupe pluridisciplinaire créé par Paul Virilio au début des années 1960, une revue manifeste éditée durant l'année 1966 et une agence d'architecture, sœur siamoise de celle de Claude Parent. Portées par le philosophe et l'architecte, ces entités sont les véhicules privilégiés de l'élaboration et de la diffusion d'une théorie architecturale clivante : la fonction oblique.

[9] En plus de ses études architecturales et paysagères pour la Direction de l'Équipement d'EDF, Claude Parent participe à la réalisation de six tranches nucléaires sur les sites de Cattenom (Moselle, 1975-1991) et de Chooz B (Ardennes, 1979-1997).

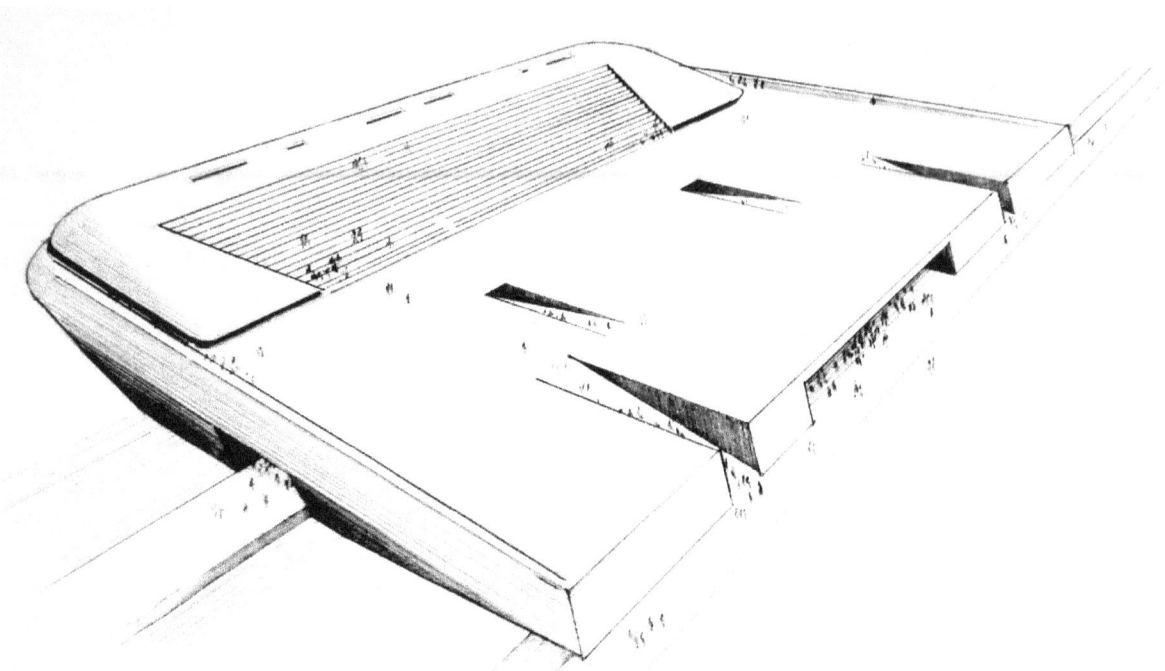

Ill. 4. Architecture Principe, Palais des expositions, Charleville, 1965-1966. Vue d'une perspective, n.d. (Archives privées Claude Parent, Neuilly-sur-Seine, © Audrey Jeanroy).

Le point d'orgue de cette évolution a été atteint en 2014 lors de la reconstitution d'une partie du salon à l'oblique de 1973 dans le pavillon central de la XIVe Mostra internationale d'architecture de Venise **[ill. 5]**. La même année, la Tate Liverpool décidait de reprendre l'idée de la sensibilisation par l'art d'un espace incliné, dans la lignée du pavillon français de la Biennale de Venise de 1970, dans le cadre de l'exposition *Claude Parent : Part of A Needle Walks into a Haystack* **[ill. 6]**. Dans la mesure où le degré et la qualité de la réception d'une œuvre architecturale ont un impact sur la dynamique patrimoniale qui l'entoure, ces deux événements permettent aujourd'hui de questionner l'état actuel de la réception de la production de Claude Parent. Les œuvres qui ont servi de modèles à ces deux manifestations sont des projets manifestes questionnant la faisabilité et l'adaptation de la fonction oblique, d'une part, et le potentiel ludique et créatif de la théorie, d'autre part. Dans les deux cas, il s'agit d'aménagements intérieurs réalisés dans des contextes très favorables à l'innovation. L'écueil de ce type de réception, favorisant la pensée théorique, l'essentialisation de l'idée, avant l'œuvre construite, est double. La focalisation théorique entraîne, tout d'abord, un phénomène de dématérialisation, comme si les projets réalisés, parce que moins purs, ne permettaient pas eux aussi de comprendre la démarche théorique de l'architecture. Le second écueil est relatif à l'éloignement du regard porté sur l'ensemble de l'architecture construite, comme si la production de Claude Parent se concentrait uniquement autour de la fonction oblique. Il serait dans ce cas difficile de parler de patrimonialisation de l'œuvre de Claude Parent puisque seules les deux rampes de l'église du Banlay à Nevers sont encore praticables actuellement. Les deux phénomènes conjugués pourront dans l'avenir avoir des conséquences préjudiciables sur le choix des réalisations à protéger, bien que dans ce domaine l'œuvre de l'architecte soit déjà bien représentée : la maison André Bloc d'Antibes (depuis 1989), l'église du Banlay à Nevers (depuis 2000), la maison Carrade à Saint-Germain-des-Prés (depuis 2005), la Fondation Avicenne à Paris (depuis 2008) et le centre commercial de Sens (depuis 2011) étant déjà protégés au titre des Monuments historiques. D'autres réalisations emblématiques de Claude Parent peinent en parallèle à accéder à une quelconque forme de reconnaissance, comme les maisons Gosselin à Ville-d'Avray (1952-1953), Drusch à Versailles (1963-1966) et Bordeaux-Le-Pecq à Bois-le-Roy (1964-1966), pour la simple raison qu'elles ne correspondent pas à l'image que l'historiographie garde de l'œuvre de l'architecte. Si la réhabilitation de l'œuvre théorique de Claude Parent, longtemps considérée comme marginale et anecdotique, est donc en marche, celle de son architecture et, de façon plus générale, de sa carrière, est encore limitée.

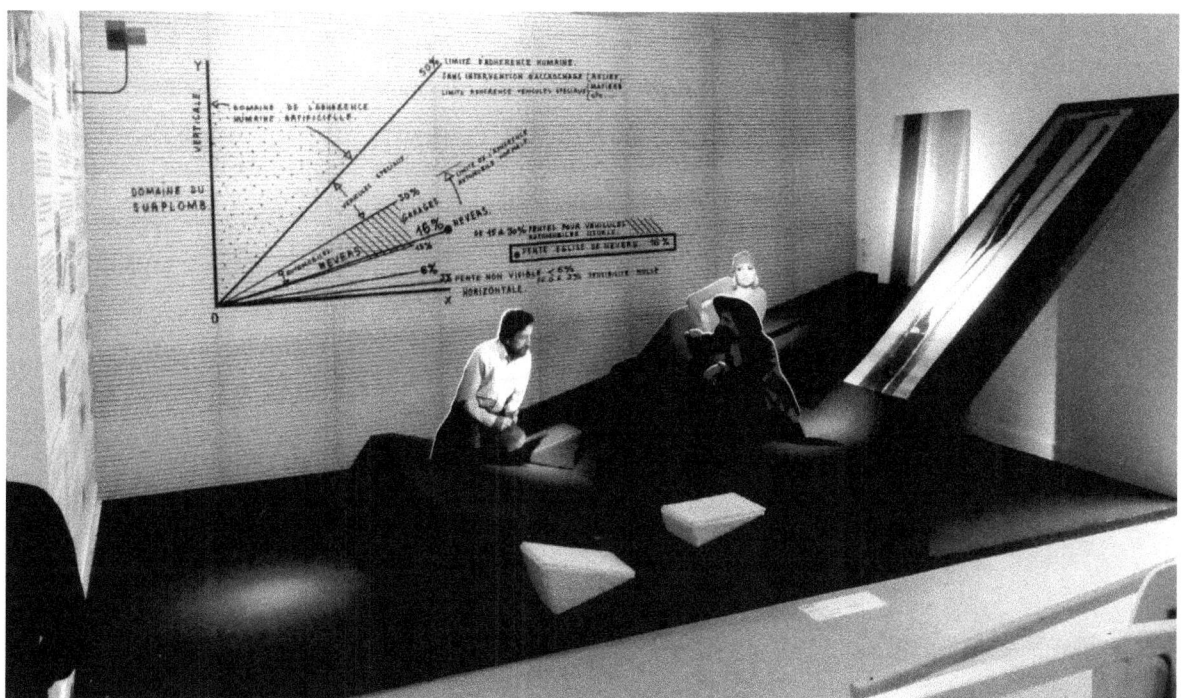

Ill. 5. Rem Koolhaas, Elements of architecture, *XIVème Mostra internationale d'architecture, Venise, juin-novembre 2014. Vue de la salle Ramp, reconstitution du salon à l'oblique de Claude Parent (Neuilly-sur-Seine, 1973-1975), novembre 2014 (© Audrey Jeanroy).*

Ill. 6. Mai Abu ElDahab et Anthony Huberman, Claude Parent : Part of A Needle Walks into a Haystack, *Liverpool Biennial, Tate Liverpool, juillet-octobre 2014. Vue du praticable, septembre 2014 (© Audrey Jeanroy).*

Corps et architecture

Lors du chantier de la maison de Michel Carrade (1972-1976) **[ill. 7]**, Claude Parent précise qu'il ne construit pas pour le peintre mais « un instant infinitésimal avant »[10] pour l'Architecture car, explique-t-il, « c'est en pensant à elle qu'on construit pour l'homme [...] et ceux qui ont commencé par l'homme sont tombés dans le rien du tout ».

Ill. 7. Claude Parent, maison Michel Carrade, Saint-Germain-des-Prés, Tarn, 1972-1976. Vue de la façade principale, octobre 2009 (© Audrey Jeanroy).

Pour Jean Nouvel, ici réside la principale limite de la pensée de Claude Parent[11], car l'idée qu'un architecte puisse résoudre tous les problèmes à la lumière d'une définition personnelle est caduque et, à maints égards, dépassée. En apparence, cette posture semble également en totale contradiction avec le discours dominant de l'État et des architectes de l'époque, qui tentent de faire de la qualité de vie une donnée essentielle du projet d'architecture. L'Homme n'est pourtant pas oublié dans la démarche de Claude Parent, qui produit à son intention une multitude d'effets – rupture brutale dans l'élévation, illusion de la chute, instabilité du plancher, présence d'éléments perturbateurs – destinés à le rendre plus « participatif » vis-à-vis de l'architecture. Dès la maison Gosselin à Ville-d'Avray (1952-1953), Parent et Schein initient l'idée d'une promenade architecturale extérieure où chaque façade possède un profil différent. La maison se découvre au fur et à mesure d'une déambulation rythmée par de longues perspectives et de brutales interruptions. Par la suite, Claude Parent optera pour des effets plus spectaculaires, du basculement de la structure du salon de la maison Drusch (Versailles, 1963-1966) aux

---

[10] Archive privée Michel Carrade (Tarn), lettre de Claude Parent à Michel Carrade, 7 août 1974, p. 2. La citation suivante provient de la même source.

[11] Jean Nouvel in Olivier Boissière, *Jean Nouvel : Jean Nouvel, Emmanuel Cattani et Associés*, Springer Éditions, 1992, p. 11.

grands porte-à-faux du centre commercial du Mont Saint-Pierre à Tinqueux (1968-1971), en privilégiant un point de vue unique et frontal. L'idée du mouvement change d'orientation avec l'introduction de la rampe et la naissance de la fonction oblique. La promenade architecturale n'est alors plus uniquement réservée à l'œil, elle constitue désormais l'essence même du projet architectural, la continuité des rampes forgeant les limites de l'espace. Cette ambition guidera et caractérisera longtemps la démarche de Claude Parent comme l'illustre ce court texte placé à l'entrée de son agence durant plus de trente ans :

> L'architecture est le théâtre de l'homme quotidien. L'architecture redonne au corps humain : Une dimension changeante. Une réalité constante. Une beauté exprimée. Une densité. Le corps prend sa vérité dans l'espace, cette vérité que la construction en tranches horizontales lui a fait perdre. L'homme n'est plus un complet-veston qui se traîne au ras de terre avec des gestes courts, mais un mobile dans un univers spatial retrouvé, un des éléments nécessaires du poème. Transparence et troisième dimension sont les moteurs de cette vie. La maîtrise de ces éléments clés crée l'univers architectural et formule sa plastique.[12]

Audrey JEANROY
Docteur en histoire de l'art
Maître-assistante associée à l'École nationale supérieure d'architecture de Lyon

---

[12] André Parinaud, Claude Parent, « L'Architecture oblique fait son entrée dans l'industrie », *La Galerie des arts*, n. 70, 1er mai 1969, p. 28.

L'ŒUVRE BÂTIE DE CLAUDE PARENT, UN ENJEU PATRIMONIAL

Le décalage paradoxal qui se produit entre l'avenir incertain de l'héritage architectural de Claude Parent et la célébrité de son auteur souligne le fait que la reconnaissance patrimoniale de son œuvre bâtie n'est pas encore une donnée pleinement acquise. Ce cas peut être considéré comme un exemple d'une situation plus générale, traduite par l'absence de systématisation en matière de protection et de valorisation de l'architecture moderne, et plus précisément de sa phase la plus récente.

Bien que plusieurs indices laissent à penser qu'un processus de révision critique est en cours – notamment grâce à plusieurs initiatives conduites conjointement par des organisations patrimoniales et des spécialistes pour conserver l'œuvre de l'architecte – la préservation de la majorité de son legs architectural reste en suspens.

Mise en contexte : Claude Parent, l'architecte aux mille facettes

Indéniablement reconnu aujourd'hui comme une figure majeure de l'avant-garde artistique française des années 1960, Claude Parent laisse derrière lui des édifices représentants des œuvres-phares de la modernité. Ils sont et symbolisent une partie considérable de l'héritage patrimonial de la deuxième moitié du XXe siècle en France. Cependant, il est possible d'observer que malgré les événements récents qui (re)mettent l'architecte sur les devants de la scène[1] et définissent aujourd'hui son œuvre comme une réelle référence architecturale, la réception actuelle de sa production reste encore très particulière et inégale dans son ensemble ; irrégulière même, selon les aspects de son travail.

En effet, Claude Parent est aujourd'hui célèbre pour une multitude de raisons, pour une quantité remarquable d'accomplissements illustrant sa carrière. En tant qu'architecte au regard critique tout d'abord, pour toutes ses réalisations les plus connues, c'est-à-dire pour l'établissement de la théorie de la fonction oblique[2] et pour ses projets construits. Mais pas seulement, car il appartient au cercle des intellectuels de l'époque et a fréquemment collaboré avec différents artistes et architectes sur de nombreux projets[3]. Sa renommée est due également à son implication directe dans le développement du parti architectural des centrales nucléaires françaises qui ont jailli au milieu des paysages ruraux dès la fin des années 1950, ce qui a impliqué un fort engagement personnel (il a pour cela travaillé avec EDF et s'est engagé pour que ces infrastructures ne soient pas dessinées sans architectes). Intellectuel engagé « hors schémas », il a été en outre l'auteur d'une production scientifique considérable et de nombreux dessins et croquis

On entend également parler de lui en tant que l'élève de Le Corbusier, ce dernier était son « maître » puis il a lui-même eu Jean Nouvel comme disciple, désormais devenu une « archistar » internationale : dans ce schéma, Claude Parent est le maillon central d'une parfaite chaîne de transmission du savoir, de la connaissance et de la pensée architecturale.
Enfin, nombre d'anecdotes, de témoignages, d'interviews et d'histoires le définissent comme un homme à la personnalité forte, détesté ou adoré selon les personnes et les époques, mélange de charisme, d'égo,

---

[1] Quelques exemples : Claude Parent a été élu académicien depuis 2005 ou encore l'exposition « Claude Parent : l'œuvre construite, l'œuvre graphique » à la Cité de l'architecture et du patrimoine (Paris) de 2010 le mettent sous les projecteurs.

[2] Conçue et définie avec Paul Virilio entre 1963 et 1968, cette théorie rejette la verticalité et l'horizontalité pour prôner l'oblique, la pente, la diagonale, en prévision de l'avènement de ce troisième plan incliné. L'oblique représente alors pour les deux architectes une nouvelle pensée, un nouveau moyen de percevoir, concevoir, construire et vivre l'architecture : un basculement permettant une nouvelle fluidité.

[3] Fondateur, avec son ami André Bloc, du groupe *Espace* en 1951 il a travaillé avec des intellectuels et des artistes tels que Yves Klein ou Fernand Léger.

d'amour de son travail et de talent. Peu estimé pendant un long temps de sa vie d'architecte, Claude Parent est de nos jours perçu comme une figure majeure de l'architecture expérimentale en France : étranger à toute catégorisation conventionnelle de par ses attitudes anticonformistes et provocantes, c'est lui le premier en France, dès le milieu des années 1950, à opérer une profonde rupture épistémologique avec le modernisme, explorant la puissance visionnaire d'une recherche expérimentale « déstabilisante » en termes d'organisation spatiale, ce qui fait de ses œuvres un réel sujet d'actualité.

De l'œuvre construite à l'œuvre protégée : la mise en place d'un statut patrimonial

Ce statut désormais bien acquis - résultant de tous les aspects du travail et de la personnalité de Claude Parent - nous renvoie à la question de la réception actuelle et de la patrimonialisation de son œuvre, particulièrement de ses projets construits. Tout d'abord, cette réception entame un phénomène assez complexe car le succès de l'architecte semble souvent être cerné à la théorie de la fonction oblique. Un nombre considérable d'écrits, dessins, projets et certains bâtiments construits de l'architecte témoignent de l'application de ce concept. C'est de cette manière que sa démarche à volonté révolutionnaire a fini par le représenter, et nous pouvons noter que les édifices les plus largement connus de Claude Parent sont très souvent ceux qui expriment le plus évidemment et formellement cette théorie[4].

Il est possible de citer à ce titre deux œuvres paradigmatiques de sa pensée architecturale : la villa Drusch à Versailles (1963-1966) - dont la composition dynamique des volumes et l'articulation de l'espace témoignent de la phase de transition vers l'aboutissement de la théorie de l'oblique - et l'Église Sainte-Bernadette du Banlay à Nevers, édifiée par Claude Parent et Paul Virilio en 1963-1966. La légitimation patrimoniale de cet édifice réside essentiellement dans sa force symbolique. Première œuvre-manifeste du Groupe Architecture Principe, bâtiment phare de la poétique de l'oblique, l'aspect massif de ce « carapace » monolithique coulée en béton armé – inspiré des bunkers allemands du Mur de l'Atlantique – recèle la spatialité cryptique engendrée par les plans inclinés intérieurs. À l'inverse, en ce qui concerne la Villa Drusch à Versailles, le manque d'acquisition d'une reconnaissance patrimoniale explique par conséquent que cette icône du manifeste programmatique de Claude Parent ne bénéficie à l'état actuel d'aucun titre de protection[5].

Il s'agit d'un processus parfois contradictoire mais tout à fait réfléchi si nous considérons la réception d'une œuvre architecturale comme un principe créateur et non pas uniquement un processus passif permettant de comprendre la signification d'un bâtiment.[6] L'accent mis sur la théorie de la fonction oblique apparaît alors comme fondamental dans l'influence que Claude Parent a exercé sur les architectes qui lui succèdent et révèle d'autant plus son importance.

---

[4] Dans cette même idée, les manifestations les plus récentes de Claude Parent (comme la *Colline de l'art* à la biennale de Liverpool en 2014) mettent particulièrement en avant les aspects de son travail reliés à la fonction oblique - ce qui semble être la conséquence tout à fait logique de ce processus.

[5] Ce bâtiment découle de l'intuition des châssis renversés, où la recherche inépuisée d'une pluri-directionnalité libérée du joug cartésien conduit à explorer les dimensions de l'inconscient et à expérimenter le potentiel expressif de la forme (voir : Manfredi Nicoletti, *Claude Parent. La funzione obliqua*, Turin, Testo e Immagine éd., 2003). Pour un approfondissement sur ce sujet, voir l'article de Milena Crespo, « Vers l'oblique. La Villa Drusch à Versailles, un héritage à préserver », p. 25-30.

[6] Cf. : Riccardo Forte, « La conservazione e l'identità degli edifici moderni » (La préservation et l'identité des bâtiments modernes), *Arkos*, a. VI, n° 10, avril-juin 2005, p. 9-10.

Dans ce contexte, il est également important de souligner que la question de la réception de l'architecture moderne en général et du processus de patrimonialisation, particulière en elle-même, engage des réflexions ultérieures. En effet, le lien entre le concept du « moderne » et celui de la « préservation » semble contradictoire au premier abord, de la même manière que la conservation de matériaux et technologies expérimentales (à l'époque presque révolutionnaires et aujourd'hui obsolètes et souvent inefficaces) semble vaine[7].

Par ailleurs, la réception et la patrimonialisation de l'œuvre bâtie de Parent se révèle être complexifiée par la diversité programmatique et typologique (maison pour particulier, villa, église, foyer universitaire, immeuble de bureaux, centre commercial, centrale nucléaire) des bâtiments de l'architecte et donc de leur affectation.

Au sein de ce catalogue varié, il est possible d'observer que le nombre de ses œuvres menacées ou ne bénéficiant simplement d'aucune protection est largement supérieur à celui de ses bâtiments inscrits au titre des Monuments Historiques. Actuellement, sur la base des données enregistrées, lorsque l'on considère l'intégralité de l'œuvre construite produite par Claude Parent tout au long de sa carrière professionnelle, seulement cinq bâtiments, de périodes et programmes hétérogènes bénéficient d'un titre de protection (titre quasi-systématiquement dispensé au cours de la décennie 2000-1011)[8].

1 - La maison d'André Bloc au Cap d'Antibes (1959-1962)[9] a conservé sa fonction de demeure privée.
2 - L'Église catholique Sainte-Bernadette du Banlay à Nevers de 1963-1966[10].
3 - La Fondation Avicenne, anciennement maison de l'Iran à la Cité internationale universitaire de Paris de 1959-1969[11], est un bâtiment public majoritairement vide et inoccupé.
4 - La maison-atelier du peintre Michel Carrade à Saint-Germain-des-Prés de 1972-1976[12] appartient à un propriétaire privé.
5 - Le centre commercial de Sens dans l'Yonne de 1968-1971[13] a également conservé sa fonction d'hypermarché.

Actuellement, les cinq édifices concernés ont donc conservé leur affectation d'origine, ce qui souligne entre autres la rigidité structurelle et donc programmatique des réalisations de Claude Parent.

---

[7] *Ibidem*.

[8] Plus précisément, trois inscriptions et deux classements par arrêté. (Source : Ministère de la Culture et de la Communication, direction de l'Architecture et du Patrimoine, base Mérimée - http://www.culture.gouv.fr).

[9] Cap d'Antibes, 31 avenue Aimée-Bourreau. Première œuvre protégée de Claude Parent (inscrite à l'inventaire supplémentaire des Monuments Historiques par arrêté du 16 novembre 1989, la maison de vacances de la famille Bloc a été classée au titre des Monuments Historiques en 1992 – référence : PA00080927). Ce bâtiment-icône de l'architecture moderne, manifeste de l'expérimentation de « l'exploration de la transparence spatial » est caractérisé par la mise en oeuvre des produits de la sidérurgie moderne (châssis en acier, dalles en béton armé, amples surfaces vitrées). La rigueur géométrique de la structure minimale est « adoucie » par les courbes sinueuses de l'escalier hélicoïdal extérieur.

[10] Nevers, 23 rue du Banlay. Classement par arrêté du 25 mai 2000. Référence : PA58000016.

[11] Paris, Cité internationale universitaire, 17 boulevard Jourdan. Arrêté n° 2208-1903 du 29 octobre 2008 portant inscription au titre des Monuments historiques en totalité ainsi que l'emprise au sol et la composition paysagère limitée par les cheminements (cad. BH 1. Référence : PA75140012).

[12] Saint-Germain-des-Prés, La Bosse. Inscription au titre des Monuments historiques en totalité (cad. ZO 1) par arrêté du 24 mai 2005. Référence : PA81000022.

[13] Sens, route de Maillot. Inscription au titre des Monuments historiques en totalité (cad. ZD 588, 589, lieu-dit « Tout-Va » par arrêté du 10 juin 2011. Référence : PA89000047.

La conservation du moderne et ses paradoxes, des exemples inégaux

Pour avoir un aperçu de l'irrégularité concernant l'évolution de la réception patrimoniale de l'œuvre construite de Claude Parent, l'observation de l'état actuel de certains de ses bâtiments peut s'avérer parlante.

En s'intéressant au cas de la Fondation Avicenne ; édifiée entre 1966 et 1969 à la Cité internationale universitaire de Paris, nous pouvons observer qu'elle illustre une situation particulière pour de multiples raisons. Tout d'abord, comme Riccardo Forte le remarque justement, cet édifice imposant – adhérent aux canons du Style International – présente des qualités intrinsèques très fortement liées à l'architecte : « La démarche tectonique de Claude Parent est magistralement synthétisée dans la "boîte métallique" de la Fondation Avicenne à la Cité U. La rigueur cartésienne de ses géométries élémentaires est, pour ainsi dire "désavouée" en contrepoint par le principe déstabilisant des planchers suspendus et par le dynamisme produit par l'escalier hélicoïdal extérieur ».

Par ailleurs, sa localisation au cœur du campus de la Cité universitaire, dans un contexte moderniste reconnu (et de ce fait particulier) influence sur le processus de patrimonialisation de la Fondation. C'est ce que résume d'ailleurs Manfredi Nicoletti en soulignant l'inévitable corrélation entre la progression patrimoniale du bâtiment de Parent et celles des maisons universitaires qui l'entourent :

> [Cet édifice] est entouré par le Gotha de l'architecture du Mouvement moderne la plus célèbre : le Pavillon néerlandais par Dudok, la Maison du Brésil par Le Corbusier et Lucio Costa, le Pavillon suisse par Le Corbusier. Aujourd'hui, la Fondation Avicenne peut encore se mesurer à ces colosses mythifiés de la contemporanéité, en montrant néanmoins quelque chose de différent. En fait, elle semble vouloir affirmer un manifeste programmatique, l'« hardware » d'un langage conceptuel futur, où la valeur psychologique l'emporte sur la sensualité matérielle. Les références aux volumes clos et impénétrables de Jean Nouvel – qui a été sans doute influencé pa Parent – ressortent de toute évidence. Son essence mystérieuse transcende la matérialité de ses structures [qui composent] une géométrie énigmatique dont l'impact urbain dégage une grande force.[14]

Actuellement, suite à des travaux de réfection partielle conduits en 2012 par l'agence des architectes Béguin & Macchini, cernés au rez-de-chaussée et au sous-sol, le bâtiment abrite le centre de valorisation du patrimoine de la Cité internationale universitaire de Paris[15]. Nommé *l'Oblique* en hommage à Claude Parent, ce centre, bien qu'installé au sein de la Fondation Avicenne, n'a pas réellement d'influence sur les étapes à venir concernant son évolution mais représente une initiative pionnière quant à la (ré)utilisation des bâtiments de l'architecte. Le nouveau programme du lieu est bien entendu notable, pour deux points particulièrement. Tout d'abord, bien qu'il ne s'agisse pas là de sa fonction première, le centre incarne symboliquement l'aspiration à un futur en tant qu'héritage patrimonial plus systématique des bâtiments de Claude Parent et de l'architecture moderne en général et, comme pour appuyer l'effort, se localise de surcroit dans l'édifice le plus menacé du campus. Autrement dit, la Fondation Avicenne est dans un état d'obsolescence avancée (présence importante d'amiante et vieillissement des structures métalliques)[16], mais accueille malgré cela de ses potentiels défenseurs ; et bien que ce mécanisme puisse sembler paradoxal, il n'en est pas moins porteur d'un processus de réception patrimoniale du bâtiment.

---

[14] Manfredi Nicoletti, *op. cit.*, p. 12.

[15] Les locaux au rez-de-chaussée et au sous-sol, occupant une surface totale de 270 m², ont entièrement été remis à neuf. En avril 2013, cet espace a ré-ouvert ses portes au public.

[16] Le bâtiment principal de cette résidence pour étudiants, fermée au public en 2007 en raison de l'inadéquation des normes de sécurité actuelles, a fait l'objet d'une série d'études et de projets de réhabilitation mis en place de 2006 à 2012 par l'agence des architectes Gilles Béguin et Jean-André Macchini. L'état d'impasse actuel est dû au manque de financements.

Dans un registre différent, une autre illustration des destins diversifiés des œuvres architecturales de Claude Parent découle de l'étude comparée de quatre de ses centres commerciaux datant de la même époque : celui de Sens-Maillot (Yvonne), de Ris-Orangis (Essonne), de Reims-Tinqueux et celui d'Epernay-Pierry.

Contrairement aux trois premiers supermarchés construits par l'architecte à la fin des années 1950[17], cette seconde phase de réalisations se caractérise par la massivité des bâtiments, quatre centres commerciaux d'une toute autre échelle et faisant systématiquement appel au béton brut de décoffrage comme matériau. Ils ont été ouverts sous l'enseigne GEM à la fin des années 1960, puis ont été cédés à Euromarché en 1978 avant de fonctionner pour Carrefour à partir de 1991.

Au premier abord, le programme de supermarché rend plus difficile la réception de ces quatre bâtiments en tant que Monuments historiques : tout comme *moderne* et *patrimoine*, l'association des deux termes pourraient apparaître oxymorique, de même qu'une interprétation forcée et inappropriée aux yeux du grand public. Pourtant, le centre commercial de Sens réalisé en 1968-1971 **[ill. 1,2]** compte parmi les cinq bâtiments de l'architecte à être inscrits au titre des Monuments Historiques et bénéficie de son statut de protection depuis 2011 suite à la demande déposée par David Liaudet, professeur à l'Ecole des Beaux-arts du Mans. L'inscription obtenue grâce à l'œuvre méritoire de M. Liaudet, issue d'une initiative personnelle[18], a créé une retombée importante aussi bien dans la presse généraliste qu'auprès des propriétaires actuels du supermarché (Carrefour), qui ont immédiatement demandé l'ajournement de la décision de la commission.

C'est non seulement le très bon état de l'édifice mais surtout l'application la plus rigoureuse de la théorie de la fonction oblique qui ont ici valorisé le bâtiment, ce qui fait de cet hypermarché une création architecturale exemplaire, une composition architecturale « déconstruite » par l'élimination de l'orthogonalité et de l'organisation spatiale de la cité à partir de plans inclinés continus. En effet, trois pentes obliques et décalées en béton brut de 200 mètres de long constituent les circulations intérieures du supermarché et font basculer l'horizon des usagers lors de la plus ordinaire des activités, mettant la « condition déséquilibrante » propre à la théorie architecturale de Claude Parent au cœur du quotidien des clients du centre commercial lors de leurs achats.

Comme David Liaudet l'a bien remarqué, « l'autre exemplarité de Sens est bien aussi dans la commande et dans la confiance accordée à un architecte aussi radical par un groupe commercial. Cette particularité d'approche fait de Sens un lieu unique associant architecture pure, paysage, théorie appliquée et réalisme du programme »[19].

---

[17] On se réfère respectivement à la supérette La Folie à Nanterre en 1957-1958 (démolie en 2012 - Permis de démolir n° 09205010D001 délivré le 6 avril 2010), au centre commercial et station-service de la Chataigneraie en 1959, et au supermarché Athis-Mons en 1959-1962.

[18] Le statut de protection de ce bâtiment n'aurait jamais été possible sans la détermination de ce professeur. Il est possible de suivre les démarches qu'il a entreprises jusqu'à l'inscription du centre commercial dans l'article suivant : David Liaudet, « Sens, un centre commercial monument historique », publié le 4 avril 2011 sur le blog de l'auteur : http://archipostcard.blogspot.it/2011/04/sens-un-centre-commercial-monument.html.

[19] *Ibidem.*

Ill. 1. Centre commercial, Sens, 1968-1971. Vue extérieure, octobre 2009 (© David Liaudet).

Ill. 2. Centre commercial, Sens. Détail de l'entrée, octobre 2009 (© David Liaudet).

Le centre commercial de Ris-Orangis **[ill. 3]** quant à lui, bien que datant exactement de la même période (1967-1969) et appartenant à la même typologie, ne dispose d'aucun titre de protection. De la même manière que pour le centre commercial de Sens, David Liaudet a déposé en mars 2012 un dossier à la Direction régionale des affaires culturelles (Drac) d'Ile-de France afin d'obtenir l'inscription du bâtiment au titre des Monuments historiques. Son initiative a obtenu le soutien conjoint du maire de Ris-Orangis, Stéphane Raffalli, et du patron du site, Hubert Prost-Romand.

Ill. 3. Centre commercial de Ris-Orangis, 1967-1969. Vue extérieure, avril 2005 (© David Liaudet).

Cet édifice a ainsi été l'objet d'une certaine visibilité dans la presse il y a deux ans, grâce également à une pétition, lancée via des cartes postales et sur internet, qui a atteint à la fin d'avril 2015 326 signataires, ce qui a permis d'amplifier l'impact de sa réception patrimoniale.[20] Toujours en fonction également (il est resté inchangé depuis sa construction), le supermarché de Ris-Orangis apparaît comme moins audacieux et moins représentatif de la fonction oblique que le centre commercial de Sens, mais bien qu'il n'égale pas l'unicité du cas de Sens en termes de cohérence expressive[21], le bâtiment présente des qualités architecturales certaines. Comme David Liaudet l'a bien souligné, « le centre commercial de Ris-Orangis est incroyablement articulé (...), sa volumétrie est cryptique comme Sainte-Bernadette du

---

[20] Cf. : « Ile-de-France : Un centre commercial bientôt classé aux Monument historiques ? », publié le 30 avril 2015 sur le site web : http://www.20minutes.fr/paris/1599231-20150430-ile-france-centre-commercial-bientot-classe-monuments-historiques. Voir aussi : Julien HEYLIGEN, « Un supermarché classé monument historique ? », *Le Parisien*, 30 avril 2015, p. 6.

[21] Par ailleurs, les façades en maçonnerie reposant sur une charpente métallique ne laissent que peu de place au béton brut, qui partout présent à Sens a également favorisé le bon vieillissement du supermarché, en meilleur état que celui de Ris-Orangis.

Banlay ». Il s'agit d'un bâtiment, dont la réelle spécificité réside dans les accès, notamment dans sa parcelle piétonne qui lie l'espace commercial à son parking sur dalle « qui est, à elle seule, une sculpture. Claude Parent a su faire de ce programme une œuvre, un cheminement, une pensée de l'espace urbain »[22].

Le troisième exemple, le centre commercial de Reims-Tinqueux (1968-1971) **[ill. 4]**, a eu un parcours encore très différent des deux premiers. Tout comme à Ris-Orangis, aucun titre ne protège l'édifice si bien que dans ce cas, de nombreux réaménagements ont lourdement transformé le bâtiment. En effet, lorsque Carrefour s'est installé dans les locaux en 2001, bien que le lieu couvrait déjà 23000m² d'espaces commerciaux, des extensions ont été réalisées détruisant une partie de la galerie originale. Par la suite, la façade principale a été incurvée et un parement en bois, verre et métal a été mis en place de telle sorte que le béton initial - qui avait déjà été repeint - n'est plus visible sur la majorité de la surface de la façade. Il ne reste aujourd'hui que peu d'éléments dans le bâtiment qui rappellent l'originalité de son premier architecte. S'il existait des points remarquables qui auraient pu, un temps, laisser affirmer que ce bâtiment était par certains aspects le témoin de la pensée unique de Claude Parent, les altérations subies ne permettent plus de le considérer comme un « héritage architectural », puisque l'intérêt du profit a dans ce cas pris le pas sur la dimension patrimoniale du lieu.

Ill. 4. Centre commercial à Reims-Tinqueux, 1968-1971, mars 2004
(Crédit photo © David Liaudet, mars 2004).

Enfin, le centre commercial d'Epernay-Pierry, également construit entre 1967 et 1970 et qui depuis 1992 appartenait à l'enseigne Leclerc, témoigne de l'exemple le plus patent où le manque de reconnaissance patrimoniale d'un édifice moderne favorise la mise en œuvre de modifications progressives aboutissant fréquemment à son défigurement si ce n'est à sa démolition. En effet, après avoir été transformé à de nombreuses reprises pendant dix ans, l'édifice, initialement tout en béton brut de décoffrage, a été détruit en 2002 pour laisser place à une nouvelle structure tout à fait étrangère au bâtiment initial.

---

[22] David Liaudet, « Ris-Orangis : un centre commercial Monument Historique ? », publié le 20 mars 2012 sur le blog de l'auteur :
http://archipostcard.blogspot.fr/2012/03/ris-orangis-un-centre-commercial.html.

Ces quatre exemples exposent l'inégalité du processus de patrimonialisation d'œuvres de Claude Parent appartenant à une même typologie et datant d'une même période. Sans prétendre pouvoir justifier les raisons profondes ou véritables de ce déséquilibre, il est cependant intéressant de noter que le seul de ces bâtiments à être protégé soit celui en lien le plus direct avec la célèbre théorie de l'architecte. Jean-Louis Violeau souligne d'ailleurs qu'il s'agit même « probablement [de] l'édifice le plus vaste et le plus ambitieux dans lequel il [Claude Parent] ait cherché à concrétiser ses recherches théoriques »[23]. Violeau met ainsi en avant qu'à Sens, le refus des propriétaires successifs d'investir dans des travaux[24] a « sauvé », par ironie du sort, le bâtiment puisque lors de son inscription en 2011 il demeurait pratiquement intact. Bien que cette absence d'interventions laisse à penser que l'idée première était davantage d'aboutir à un état de délabrement qui permettrait la démolition du centre commercial, la démarche entreprise par les propriétaires a abouti de façon paradoxale à sa conservation.

Ce paradoxe illustre une démarche visible dans de nombreux autres bâtiments de Claude Parent ou de l'architecture moderne en général, là où le manque d'entretien engendre un délabrement progressif qui rend de plus en plus difficile, si ce n'est impraticable, la conservation et la sauvegarde de l' « objet » architectural en raison de charges financièrement insoutenables. Souvent, des travaux d'une envergure importante sont indispensables à la survie des édifices si bien que dès avant une quelconque décision quant à leur avenir, la nature même de ce qui justifierait la qualification d'héritage est sans cesse remise en question. Chez Claude Parent l'œuvre est si vaste et hétérogène que le phénomène en est considérablement amplifié. Par cela est nourri le paradoxe de l'irrégularité de la patrimonialisation de son legs architectural et par cela les possibilités d'interventions en sont aussi enrichies que complexifiées.

Alice WEIL
Étudiante en Master 1 à l'ENSA Paris-Malaquais

---

[23] Jean-Louis Violeau, « Du supermagasin à l'hypermarché. Claude Parent, trente ans après », *Le Moniteur*, n° 194, février 2014, p. 80-87.

[24] Néanmoins, en 1991, Carrefour a fait peindre le béton extérieur et une nouvelle entrée latérale côté sud a été percée, condamnant l'utilisation de la galerie marchande.

VERS L'OBLIQUE : LA VILLA DRUSCH À VERSAILLES, UN HERITAGE À PRÉSERVER

En 1963, Gaston Drusch, un industriel, demande à plusieurs architectes un avant-projet afin d'édifier à Versailles une maison familiale pour lui, sa femme et ses trois enfants. Après avoir retenu celui de Claude Parent, un an de discussions entre les deux hommes est nécessaire avant la demande de permis de construire. Ces échanges donnent naissance à un langage plastique adapté à la personnalité et aux besoins du commanditaire ainsi qu'au lieu, une parcelle étroite en lisière de forêt.

Livrée en 1965, cette villa marque l'aboutissement des recherches de Claude Parent sur le mouvement comme valeur architecturale et l'avènement d'un langage expérimental axé sur la géométrie visuelle d'éléments inclinés qui aboutira à la théorisation, avec Paul Virilio, de la fonction oblique.

*Ill. 1. Villa Drusch. Maquette, 1963-1966
(Collection Frac Centre, Orléans, © Philippe Magnon).*

Une architecture du déséquilibre

La Villa Drusch marque une étape décisive dans la démarche de Claude Parent, en ce qu'elle synthétise les recherches de l'architecte sur les masses et l'espace, en rupture avec les dogmes du modernisme mais aussi du néoplasticisme. Aussi bien en plan qu'en élévation, l'architecte réunit deux types d'organisation spatiale : l'une horizontale, l'autre oblique. Un long parallélépipède contient les chambres, les cuisines et les sanitaires tandis qu'un cube posé sur une arête offre un espace ample de pièces communes, fragmenté en trois niveaux ouvrant les uns sur les autres. La structure de béton armé du séjour, extérieure au volume vitré, est basculée par rapport à la verticale, créant un contraste saisissant entre l'impression de légèreté induite par les volumes vitrés et la pesanteur de l'imposante masse de béton et d'ardoise. Le béton utilisé en structure apparente dans les deux volumes confère à l'ensemble une unité et une puissance graphique. Le décrochement visuel induit par ces formes géométriques se répercute dans le plan par un angle à 120 degrés. Le cube cache ainsi depuis la rue la terrasse et la piscine qui reprennent de manière planimétrique le plan d'ensemble de la villa et préserve ainsi l'intimité de ses habitants.

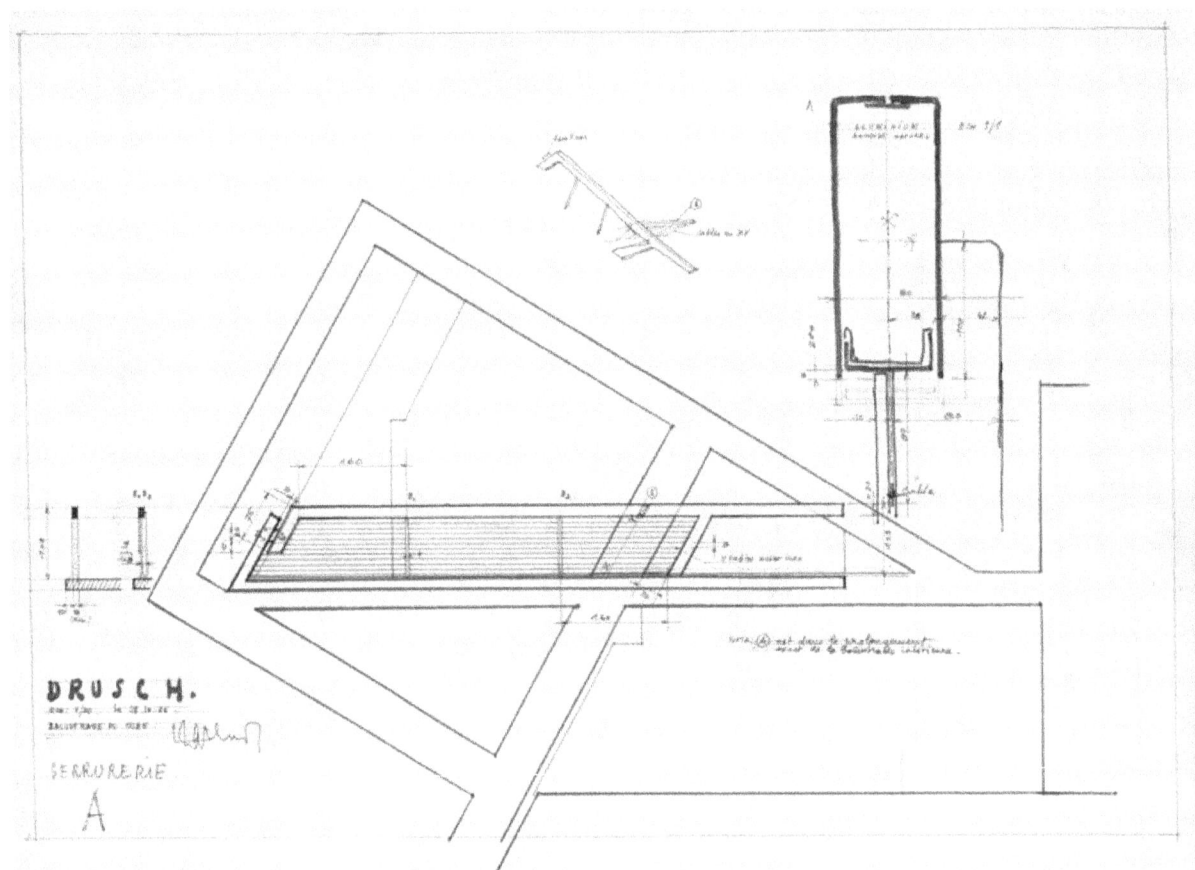

Ill. 2. Coupe du cube avec détail de la balustrade et de la serrurerie, 1966 (© Collection Frac Centre, Orléans).

Entre les deux volumes se crée alors une « fracture-frontière » ; l'angle qui sépare de part et d'autre de cette ligne le stable de l'instable. Cet angle à 120°, cette fracture qui permet l'articulation et la dislocation des masses rassemblées par l'architecture est également présente quelques années plus tôt à la Maison Soultrait (1956-1958) où le volume du séjour, de plan carré, est détaché d'un parallélépipède par un angle à 120°. Cette fracture est reprise en élévation par le grand triangle de la toiture inclinée jusqu'au sol, qui fractionne en deux le plan carré du salon. De même, bien que la fracture dans la Maison de l'Iran (1961-1968) soit exprimée cette fois-ci verticalement par la fragmentation du volume supérieur en deux blocs distincts, cette même disjonction à 120° se retrouve en plan entre le bâtiment principal suspendu et les deux volumes carrés en rez-de-chaussée. La fracture crée le mouvement du mur, mouvement que Claude Parent met en exergue à la Villa Drusch au moyen du cube qui semble prêt à basculer, engendrant de cette manière un déséquilibre visuel. Déjà en 1959, dans la première esquisse pour la Maison d'André Bloc au Cap d'Antibes, Claude Parent proposait un cube renversé sur sa pointe ; hypothèse refusée par le plasticien. Puis en 1961 et 1962, les deux hommes vont envisager des habitats collectifs expérimentaux[1], selon cette même typologie du cube en équilibre sur une de ses pointes. Cet effet d'instabilité produit par le renversement du cube est expérimenté architecturalement pour la

---

[1] *Etude pour un urbanisme spatial à ossature indépendante des volumes* (1961), *Maison expérimentale évolutive* (exposition internationale du Travail, Turin, 1962).

première fois dans la Maison Drusch. L'intrusion de la diagonale dynamise les volumes et introduit une nouvelle dimension dans l'espace visuel et architectonique[2].

Cette instabilité de la forme géométrique dans l'espace, cette mince frontière perceptuelle entre le basculement et l'équilibre, manifeste l'introduction du mouvement dans la maison. Basculement, instabilité, déséquilibre visuel (et non encore physique) sont autant de termes qui traduisent une recherche du mouvement à l'encontre de la statique traditionnelle de l'architecture. Cette recherche s'inscrit dans une lame de fond qui traverse les arts plastiques à cette période. Les sculptures mécaniques de Jean Tinguely, le théâtre mobile d'Alexander Calder, la notion de « plastique cinétique » chez Vasarely, le spatio-dynamisme de Schöffer, sont autant de réflexions contemporaines sur l'intégration du mouvement dans les arts. Présent dès la création du groupe Espace en octobre 1951, Claude Parent était étroitement lié à ces recherches par le biais de collaborations comme le projet de ville spatio-dynamique (1953-1955) avec Nicolas Schöffer et Ionel Schein, ou encore celui de Lunatrack (1960) avec Jean Tinguely. Sensibilisé aux thèses de synthèse des arts prédominantes au sein du groupe Espace, Claude Parent favorisera tout au long de sa carrière les collaborations artistiques dans les édifices qu'il réalise. La peinture devient mur, le mobilier devient architecture ; et ensemble ces éléments modèlent l'espace intérieur selon une conception plastique qui rompt avec l'idée de boîte pour générer un espace dynamique. Dans la salle à manger de la Villa Drusch, la présence d'un grand lavis d'encre de Chine sur une cloison de biais réalisé par Michel Carrade[3] et le mobilier conçu par Roger Fatus à l'instar des banquettes intégrées au mur, font de cette maison un lieu de réunion des arts et des mouvances avant-gardistes d'alors. Au centre du séjour, une sculpture monumentale de Manoli devait occuper initialement l'espace et, de par sa taille, dépasser le niveau de la mezzanine[4] pour offrir une autre lecture de cet espace.

Avec la Villa Drusch, Claude Parent effectue un pas de plus vers la conceptualisation de l'oblique, qui ne deviendra théorie qu'après la rencontre avec Paul Virilio en 1963. Si la Maison Soultrait peut être considérée comme un premier essai fort d'appréhension différente de l'habitat, la Maison Drusch quant à elle constitue la première traduction architecturale de l'oblique en ce que le déséquilibre et la diagonale deviennent ici un principe architectural. Si la forme bascule, le plan reste encore horizontal à l'inverse de la théorie de l'oblique où la structure entière, aussi bien intérieure qu'extérieure, repose sur des éléments inclinés mettant le corps en effort. La Villa Drusch représente donc un jalon essentiel vers la formulation de cette théorie qui constitue l'aboutissement de ces réflexions débutées une décennie plus tôt.

Quel avenir ?

Aujourd'hui, la Villa Drusch a acquis une reconnaissance nationale non des moindres dont est révélatrice sa présence en couverture du catalogue de l'exposition *Claude Parent, L'œuvre construite – l'œuvre graphique* qui s'est tenue à la Cité de l'architecture et du patrimoine en 2010. En parallèle, la villa suscite l'intérêt de la municipalité de Versailles dont elle dépend. Tentant de s'extirper de la figure louis-quatorzienne, la ville souhaite faire découvrir la multiplicité de son histoire ainsi que ses atouts architecturaux et naturels. Le site de l'office du tourisme met ainsi à l'honneur le patrimoine architectural moderne et d'avant-garde de la ville : la Villa Cassandre d'Auguste Perret et la Villa Bomsel d'André Lurçat, édifiées toutes deux dans les années 1920, mais aussi la gare ferroviaire de Versailles-Chantiers (André Ventre, 1932) ou bien encore la Villa Drusch. Bien qu'emblématique de l'œuvre de Claude Parent et reconnue par la ville même comme partie intégrante de son patrimoine, la Villa Drusch ne fait l'objet d'aucune protection alors que les trois autres édifices cités sont inscrits au titre des Monuments Historiques. Parmi les cent dix-sept édifices de la ville de Versailles recensés dans la base Mérimée comme faisant l'objet d'une protection, seulement quatre construits au cours du XXème siècle ont été protégés entre 1994 et 2007[5].

---

[2] Pour explorer ce thème, voir Frédéric Migayrou, « Détours de la quadrature », *L'œuvre construite l'œuvre graphique*, p. 29-41.

[3] Peintre et membre du groupe Architecture Principe pour qui Claude Parent réalise entre 1972 et 1981 la Maison dit Carrade dans le Tarn.

[4] « Une maison oblique », *L'œil*, mai 1969.

[5] À titre de comparaison, onze édifices du XIXème ont été protégés entre 1927 et 1995.

Ill. 3. Villa Drusch, Versailles, 1963-1965. Vue sur le jardin et le salon (L'oeil, mai 1969, © Marc Lavrillier).

Ces protections récentes dénotent l'émergence d'un nouveau patrimoine (l'architecture moderne), amenant à une reconnaissance institutionnelle plus rapide de bâtiments récents. De Claude Parent, cinq œuvres font déjà l'objet d'une protection au titre des Monuments historiques[6], protections qui se sont échelonnées de 1989 (Villa du Cap d'Antibes) à 2011 (Centre commercial de Sens). Ces protections participent à un mouvement de fond de révision critique de l'œuvre de Claude Parent, auquel a largement contribué l'exposition rétrospective à la Cité de l'architecture et du patrimoine en 2010, ainsi que les travaux d'Audrey Jeanroy[7].

À l'heure de la considération du legs architectural laissé par Claude Parent et des réflexions autour de sa patrimonialisation, il convient de procéder à une révision critique avisée afin de distinguer l'hommage rendu à l'homme de l'intérêt porté à certaines de ses œuvres au regard de critères scientifiques rigoureux[8]. Par son importance dans l'œuvre de l'architecte et par son intérêt architectural, cet édifice présente un intérêt « suffisant pour en rendre désirable la préservation ». Or, selon le service de documentation de la C.R.M.H. - D.R.A.C. Ile-de-France, aucune demande de protection officielle n'a été déposée à ce jour. Pourtant une inscription au titre des Monuments Historiques permettrait une reconnaissance de la valeur et de l'intérêt de cette villa afin d'en assurer sa conservation future. Malgré une avancée progressive de l'architecture moderne dans le champ patrimonial, sa préservation reste menacée par des problèmes inhérents à sa matérialité (obsolescence technique et réglementaire) mais aussi par une méconnaissance et une incompréhension contemporaines. Bien que la Villa Drusch soit toujours aux mains de ses propriétaires initiaux et n'ait souffert d'aucunes modifications apparentes ou de vieillissement précoce de ses matériaux (à l'inverse de la Fondation Avicenne), il est important de lui assurer une protection juridique afin de pouvoir accompagner son avenir et d'assurer sa postérité dans le respect de son intégrité. Classés ou inscrits, les bâtiments font partie intégrante du patrimoine national. En cela, il est temps que la Villa Drusch devienne un bien commun et intègre notre mémoire collective.

Milena CRESPO
Titulaire d'un Master 2 Recherche
en histoire de l'art appliquée aux collections à l'École du Louvre

---

[6] Voir l'article de Alice Weil, « L'œuvre bâtie de Claude Parent, un enjeu patrimonial », p. 17.

[7] Audrey Jeanroy, *Claude Parent, architecture et expérimentation, 1942-1996 : itinéraire, discours et champ d'action d'un architecte créateur en quête de mouvement*, sous la dir. de Jean-Baptiste Minnaert, Th. doct., Histoire de l'art, Université François-Rabelais de Tours, 2016, 3 vol., 1434 p.

[8] Nous pouvons à ce titre regretter que les notices de la base Mérimée donnent seulement un historique des bâtiments protégés et non les raisons qui ont justifié cette protection.

Fiche signalétique

Édifice :	Maison Drusch
Localisation/adresse :	38 avenue Douglais Haig, 78000 Versailles
Maître d'ouvrage/propriétaire :	M. Drusch
Maître d'œuvre :	Claude Parent
Collaborateurs :	D.M. Davidoff (ingénieur conseil), Roger Fatus (décorateur)
Projet/exécution	1963-1966
Interventions successives éventuelles (restauration, dates) :	inconnues
Archives :	- Archives I.F.A.: objet PARCL-H-63-2 - Bibliothèque Kandinsky : cote 3505 PAREN b, fonds Vera Cardot et Pierre Joly - Frac Centre : fonds Claude Parent

Références bibliographiques essentielles

Livres :

- MIGAYROU Frédéric, DE MAZIERES François, RAMBERT Francis, LACATON Anne, VASSAL Jean-Philippe, *Claude Parent : l'œuvre construite, l'œuvre graphique*, catalogue de l'exposition présentée à la Cité de l'architecture et du patrimoine (Paris, 20 Janvier-2 Mai 2010), Paris, coédition HYX et Cité de l'architecture et du patrimoine/IFA, 2010, p. 140-143.
- PARENT Claude, *Le carnet de la fracture*, Paris, Manuella Éditions, 2012, non paginé.
- RAGON Michel, *Claude Parent, monographie critique d'un architecte*, Paris, Editions Dunod, collection Espace et architecture, 1982, p. 43 ; 70-73.

Revues :

- « Charpente en béton armé », *L'Ardoise*, n. 187 [après 1965].
- [Maison Drusch], illustration, *Nueva Forma*, n. 13, février 1967.
- « Maison à Versailles », *Architecture de lumière*, n. 17, 1967, p. 26-27.
- « Habitation à Versailles : Claude Parent architecte, D. M. Davidoff, ingénieur-conseil, Fatus, aménagements intérieurs », *L'Architecture d'aujourd'hui*, n. 136, février-mars 1968, p. 82-85.
- « Une maison oblique », *L'oeil*, mai 1969.
- « In Francia Spigoli trasparenti », *Ville giardini*, janvier 1972, p. 26-27.
- « Une architecture engagée », *Votre maison*, n. 144, 2 mars 1972, p. 108.
- VINSON Robert-Jean, « 50-75 : L'architecture du troisième quart du XXe siècle », *Connaissance des arts*, n. 288, février 1976, p. 56-67.

FICHIER INTERNATIONAL DE DOCOMOMO

1. IDENTITE DU BÂTIMENT OU DE L'ENSEMBLE

nom usuel du bâtiment :	Fondation Avicenne
variante du nom:	Maison de l'Iran
numéro et nom de la rue :	Cité internationale universitaire de Paris, 17 boulevard Jourdan
ville :	Paris
code postal :	75014
pays :	France

L/Oblique, centre de valorisation du patrimoine de la Cité internationale universitaire de Paris (au rez-de-chaussée) est ouvert tous les jours de 14h à 18h (sauf le lundi).
Tél : 01 40 78 50 06
Fax : Sans
Site internet : www.ciup.fr/oblique

PROPRIETAIRE ACTUEL
La Chancellerie des Universités de Paris
Fondation Nationale de la Cité internationale universitaire de Paris, fondation de droit privé gérant l'ensemble de la Cité internationale pour le compte de la Chancellerie des Universités de Paris qui représente les treize universités héritières de l'Université de Paris.

nom :	**téléphone :**
adresse :	**fax :**

ETAT DE LA PROTECTION
type : Immeuble inscrit en totalité au titre des Monuments historiques ainsi que l'emprise au sol et la composition paysagère limitée par les cheminements sis 17 boulevard Jourdan. (Arrêté n. 2208-1903 du 29 octobre 2008 (cad. BH 1. Référence : PA75140012).
date : 29 octobre 2008.

ORGANISME RESPONSABLE DE LA PROTECTION
nom : D.R.A.C Île-de-France
adresse : 98 rue de Charonne, 75011 Paris
téléphone : 01 56 06 50 00
fax :

2. HISTOIRE DU BÂTIMENT

commande:
Le maître d'ouvrage est le gouvernement iranien qui fait le 25 juin 1959 une donation de 10 millions de francs à l'Université de Paris (acceptée par décret du 23 février 1960). Cette donation constituera le fond de roulement et le fond de réserve pour la réalisation de la maison « Université de Paris - Maison de l'Iran » au sein de la Cité universitaire de Paris. Cette commande, qui comporte l'engagement direct de l'Iran à édifier, à meubler et à donner en propriété à l'Université de Paris une Maison pour accueillir la future élite du pays, s'inscrit dans un projet politique ambitieux promu par Reza Shah. Dans un contexte de réformes et de modernisation de l'Iran, la scène internationale de la Cité universitaire donne ainsi à voir la puissance économique et symbolique de ce régime. Le gouvernement iranien désigne Mohsen Foroughi (1907-1983) et Heydar Ghiaï (1922-1985), architectes officiels du régime et considérés comme les pionniers de l'architecture moderne en Iran. Ils élaborent un premier projet dès 1959 auquel s'en suit au moins deux autres, avant celui des trois portiques avec structure suspendue de 1961. En septembre 1960, ils s'associent avec André Bloc, sculpteur et fondateur de *L'Architecture d'Aujourd'hui*, et Claude Parent, un jeune

architecte prometteur. En mai 1961 des nouveaux plans comportant la réalisation d'une résidence pour étudiants de 100 chambres voient le jour, mais ce n'est qu'a partir de 1966 que les travaux d'exécution débutent, le chantier se déroulant jusqu'au mois de juillet 1969. Devenu un foyer d'opposition au régime du Shah, le gouvernement iranien abandonne la maison et en confie la gestion à la Cité internationale universitaire en 1972.

architecte : Claude Parent (1923-2016).

autres architectes et intervenants :
Mohsen Foroughi, architecte (1907-1983) ; Heydar Ghiai, architecte (1922-1985) ; André Bloc, ingénieur, sculpteur (1896-1966).

ingénieurs: Initialement René Sarger (1917-1988), ingénieur-conseil. Mais c'est le Bureau d'Etudes de Contrôle et de Coordination du Bâtiment (B.E.C.C.B.) qui aura en charge les opérations techniques relevant de la compétence de l'ingénieur, durant les différentes étapes de réalisation du projet : étude préliminaire, mise au point de l'avant-projet, exécution des travaux.

contractants: groupement C.F.E.M. - E.T.E.B.

CHRONOLOGIE

date du concours : pas de concours
date de la commande : 25 juin 1959
période de conception : 1959 -1966
durée du chantier : 3 ans
inauguration : 15 octobre 1969

début : 1er février 1966
fin : 1969 (réception définitive des travaux 1972)

ETAT ACTUEL DU BÂTIMENT

Usage :
De 1969 à 1972, le bâtiment (alors appelé Maison de l'Iran) accueille les étudiants iraniens en études supérieures à Paris. En 1972, le gouvernement iranien supprime sa subvention et abandonne sa gestion qui revient alors à la Fondation Nationale de la Cité universitaire. Ce changement de statut administratif s'accompagne d'un changement de nom du bâtiment qui sera désormais la Fondation Avicenne. Jusqu'en 2007, le bâtiment accueillait étudiants et chercheurs de toutes nationalités ayant un revenu. À cette date il a été fermé au public pour des raisons de sécurité.

État du bâtiment :
Excepté quelques corrosions superficielles, la structure métallique assure son rôle de portance et de résistance aux vents. Le béton s'épaufre aux jonctions des nez de dalles et de l'ossature secondaire, en façade est. Seul moyen de circulation verticale avec les deux ascenseurs, l'escalier extérieur présente des corrosions importantes, avec perforations et effeuillages du métal, rendant ainsi l'accès impossible. Les défaillances des entreprises observées lors de la construction, surtout concernant la protection anticorrosion et l'étanchéité, trouvent un écho direct dans les désordres fonctionnels que connaît le bâtiment, ce dès son inauguration. Mais le vieillissement prématuré des matériaux et des installations est également la conséquence simultanée de défauts de conception, d'exécution et d'entretien.
Devant l'état critique du bâtiment, la Fondation Nationale, suite à un appel d'offre, sélectionne l'agence Béguin & Macchini en 2005 pour élaborer un projet de réhabilitation. La vétusté des réseaux techniques et des normes de confort et d'usage, l'insuffisance de l'isolation thermique et acoustique ainsi que la présence d'amiante et de plomb entraînent en 2007 la fermeture de la Fondation Avicenne. Compte tenu de l'importante quantité d'amiante (flocages, mastics, colles, joints, parements extérieurs des façades et des garde-corps en fibrociment...), un déshabillage complet du bâtiment est nécessaire. Après plusieurs hypothèses, une proposition de réhabilitation est menée jusqu'à la phase d'APD en avril 2008 avant d'être abandonnée faute de financements. De nombreuses études de faisabilité ont été réalisées depuis, entraînant la mise au point d'un nouveau projet en septembre-octobre 2012, en attente lui aussi de financement.

Résumé des restaurations et des autres travaux conduits, avec les dates correspondantes :
Dès les premières années de fonctionnement, la Maison a révélé d'importants problèmes quant à la pérennité de ses matériaux constitutifs. Des infiltrations d'eau à travers la façade ouest, au niveau de la sous-face des planchers détériorent les plafonds suspendus des couloirs dès 1973. Des travaux sont engagés

entre 1980 et 1982, grâce à une somme d'argent débloquée par l'Université de Paris : réfection de l'escalier (remplacement partiel des tôles nervurées des paliers, martelage puis mise en peinture), travaux d'étanchéité de la façade (réfection des joints), réfection des peintures des structures métalliques extérieures et nettoyage des façades (sablage des peintures extérieures des structures porteuses et du métal en partie mal décalaminé). Cependant les problèmes réapparaissent rapidement et on sait qu'en 1991, les travaux de maintenance n'ont pas été effectués depuis au moins dix ans. L'état du bâtiment et la nécessité de travaux sont constatés à plusieurs reprises par le Service Technique, dans les années qui suivent, sans que rien ne soit réellement entrepris jusqu'à la décision de réhabilitation en 2005 et la fermeture de la Maison en 2007.

Dans ses volumes et dans son dessin, la Fondation Avicenne n'a pas connu de modifications substantielles jusqu'à aujourd'hui. De même, le mobilier des chambres ainsi que celui dessiné par Jean Royère pour l'appartement du directeur sont toujours en place, malgré des détériorations dues à une occupation illégale du lieu.
Les seules modifications ont été des travaux d'aménagements afin d'adapter les lieux aux besoins. En 1991, le sous-sol et le rez-de-chaussée ont été réaménagés par l'architecte Stéphane Wolf, sans aucune intervention sur les structures ni sur les réseaux.

Dans le cadre actuel de la réhabilitation, l'agence Béguin & Machini a mené des travaux de réaménagements du sous-sol et du rez-de-chaussée en 2013, afin d'accueillir l'Oblique, centre de ressources et de valorisation du patrimoine de la Cité internationale universitaire. Le nom a été donné en hommage à la fonction oblique théorisée par Claude Parent et Paul Virilio, au sein du groupe Architecture-Principe. Le travail de Beguin et Macchini trouve également son inspiration dans l'œuvre théorique et artistique de Claude Parent. Ainsi, les couleurs – noir, blanc, rouge – et le positionnement en biais des panneaux de l'exposition permanente sont des références directes à l'architecte qui a, pour l'occasion, offert un dessin original agrandi et imprimé sur toile, exposé dans le hall. Une partie du mobilier d'origine a également été conservée et intégrée à la scénographie comme les luminaires, le casier pour le courrier des résidents et des tables basses. Les aménagements sont pensés de manière à envisager l'avenir. Les locaux garderont leur organisation avec banque d'accueil et bureaux administratifs regroupés près du sas d'entrée. Le sous-sol également rénové sert pour le moment de lieu de stockage de la Cité universitaire et de salle de réunion.

Maître d'œuvre : SCP Béguin & Macchini architectes
Maître d'ouvrage: Cité internationale universitaire de Paris
Programme : Restructuration lourde pour 158 chambres étudiantes
Mission : Appel d'offre
Co-traitants : SOTEC / Jaillet-Rouby / Némo-K / DJ AMO / Gamba Acoustique
Montant travaux : 10.3 M € H.T.
Surface : 4662 m² SU
Calendrier : 2006-2012

Maître d'œuvre : SCP Béguin & Macchini architectes
Maître d'ouvrage: Cité internationale universitaire de Paris
Programme : Aménagement du Centre de valorisation de la Fondation Avicenne + Exposition
Mission : Mission de base MOP
Co-traitants : Bénédicte Chaljub /Scénographie
Montant travaux : 0.35 M € H.T.
Surface : 270 m² SHON
Livraison : 2013
(Source : BEGUIN & MACCHINI architectes, *Habitat*, octobre 2013).

3. DOCUMENTATION / ARCHIVES

archives écrites, correspondance, etc :
- Archives Nationales, site de Pierrefitte
- Archives de l'Oblique, centre de valorisation du patrimoine de la cité internationale universitaire de Paris

dessins, photographies, etc :
- Cité de l'architecture et du Patrimoine - Centre d'archives de l'Ifa, Fonds Parent Claude (1923-2016)
- Frac Centre, Orléans
- Archives Nationales, site de Pierrefitte
- Archives de l'Oblique, centre de valorisation du patrimoine de la Cité internationale universitaire de Paris

---

Les illustrations (1 à 3) reproduites dans ce dossier concernent les dessins originaux du projet tirés des archives de la Frac Centre :
1. Maison de l'Iran, Cité internationale universitaire, Paris, 1967. Plan masse, plantations, éch. 1:200. Dessin, n.d. (© Collection Frac Centre, Orléans, n. inv. 99713244).
2. Maison de l'Iran, Cité internationale universitaire, Paris, 1966. Etage courant, éch. 1:50. Dessin, n.d. (© Collection Frac Centre, Orléans, n. inv. 99714244).
3. Maison de l'Iran, Cité internationale universitaire, Paris, 1961-1962. Pignon Sud, éch. 1:100. Dessin, n.d. (© Collection Frac Centre, Orléans, n. inv. 99716244).

autres sources, films, video, etc :

principales publications (par ordre chronologique) :

OUVRAGES D'HISTOIRE GENERALE DE L'ARCHITECTURE
BASDEVANT Denise, GASSIOT-TALABOT Gérard, *L'architecture française des origines à nos jours*, Paris, Hachette, 1971.
OUDIN, Bernard, *Dictionnaire des architectes*, Paris, Editions Seghers-Robert Laffont, 1971.

MONOGRAPHIES SUR CLAUDE PARENT
RAGON Michel, *Claude Parent, monographie critique d'un architecte,* Paris, Editions Dunod, collection Espace et architecture, 1982.
The Function of the Oblique, the Architecture of Claude Parent and Paul Virilio, London, Architectural Association, 1993.
MIGAYROU Frédéric, DE MAZIERES François, RAMBERT Francis, LACATON Anne, VASSAL Jean-Philippe, *Claude Parent : l'œuvre construite, l'œuvre graphique*, catalogue de l'exposition présentée à la Cité de l'architecture et du patrimoine (Paris, 20 Janvier-2 Mai 2010), Paris, coédition HYX et Cité de l'architecture et du patrimoine/IFA, 2010.

ARTICLES DANS LESQUELS LA FONDATION AVICENNE EST ANALYSEE
« Maison de l'Iran à la Cité Universitaire de Paris », *L'Architecture d'aujourd'hui*, a. XXXII, n. 98, octobre-novembre 1961, p. XVIII.
« Maison de l'Iran à la Cité Universitaire de Paris. Mohsen Foroughi, Heydar Ghiaï architectes », *L'Architecture d'Aujourd'hui*, a. XXXII, n. 99, décembre 1961-janvier 1962, p. 60-61.
« La nouvelle maison de l'Iran », *La Cité*, octobre 1967, n. 28, p. 16-17.

PARENT Claude, CHAMPLOIS Jean-Claude, « La Maison de l'Iran à la Cité Universitaire de Paris », *Acier-Sthal - Steel*, juin 1968, p. 1-6.

PARENT Claude, « Maison de l'Iran. André Bloc, Claude Parent, Ghiai Foroughi », *L'Architecture d'Aujourd'hui*, a. XL, n. 141, décembre 1968-janvier 1969, p. 47-49.

PARENT Claude, « Maison de l'Iran, Fondation Farah Pahlavi. Cité universitaire de Paris. A. Bloc, M. Foroughi, Cl. Parent, H. Ghiai », *L'Architecture d'Aujourd'hui*, a. XL, n. 144, juin-juillet 1969, p. 64-65.

« La maison de l'Iran », *La Cité*, février 1970, n. 33, p. 6-7.

ZEVI Bruno, SCHEIN Ionel, PEDIO R., « Maison de l'Iran, Parigi-Cité Universitaire, coll. A. Bloc, M. Foroughi, H. Ghiai », *L'architettura. Cronache e storia*, a. XVIII, n. 10, février 1973, p. 645-647.

ROBICHON François, « Maison suspendue : les Iraniens à la Cité U », *D'A. D'Architectures*, n. 35, mai 1993, p. 44-45.

LEMOINE Bertrand, « La Maison de l'Iran à la Cité Universitaire de Paris », *Le Moniteur architecture - AMC*, n. 165, 26 octobre 2006, p. 94-100.

CRESPO Milena, *La Fondation Avicenne à la Cité internationale universitaire de Paris - Problématique de conservation du patrimoine du XXe siècle*, Mémoire de Master 1 de l'Ecole du Louvre sous la dir. de Mme Isabelle Pallot-Frossard, mai 2014, 65 p.

CRESPO Milena, « La modernità fragile. Il caso della Fondation Avicenne alla Cité internationale universitaire di Parigi », *Arkos*, n. 13-14, janvier-juin 2016, p. 11-24.

OUVRAGES POUVANT SERVIR A L'ANALYSE DE LA FONDATION AVICENNE
DE CANCHY Jean-François, TARSOT-GILLERY Sylvaine (dir.), *Réhabiliter les édifices métalliques emblématiques du XXème siècle*, actes du colloque, Cité internationale universitaire de Paris, 17 novembre 2006, coédition L'œil d'or et Cité internationale universitaire de Paris, 2008, 118 p.

4. DESCRIPTION DU BÂTIMENT
(état initial)

La Fondation Avicenne, anciennement Maison de l'Iran, se trouve dans le XIVe arrondissement de Paris, dans l'enceinte de la Cité internationale universitaire. Cet édifice se situe au niveau du n° 17 du boulevard Jourdan, entre la Maison de l'Allemagne à l'est et la Maison des Arts et Métiers à l'ouest. Né d'un rêve humaniste idéologiquement proche des collèges universitaires et des cités-jardins anglaises, le site de la Cité a vu le jour en 1920 afin d'accueillir des étudiants de toutes nationalités au sein de Maisons construites par des nations étrangères. Ce projet fait partie d'un dessein global qui ambitionne à en faire devenir le lieu de rapprochement des élites du monde entier. Érigée au cœur du campus universitaire, la Fondation Avicenne est entourée par un ensemble d'architectures faisant partie tant du Gotha du Mouvement moderne que du style régionaliste.

Le parti architectural et technique de ce bâtiment découle de nombreuses contraintes imposées par l'emplacement du site. La nature du sous-sol, constitué de trois étages de carrière, a nécessité la réalisation d'une structure suspendue sur un minimum de points d'appui ; de l'autre côté, les dimensions limitées du terrain (une parcelle très étroite côtoyant le périmètre sud de la Cité et le boulevard périphérique) ont fait basculer l'option en faveur d'une construction en élévation mono-orientée où les chambres et les loggias donnent vers l'intérieur de la Cité.

La Fondation Avicenne se compose de deux bâtiments, dont le principal est affecté à résidence universitaire (96 chambres pour étudiants et appartement du directeur dans l'étage intermédiaire) et d'un bâtiment bas à deux étages (rez-de-chaussée et sous-sol), composé de deux volumes cubiques destiné aux espaces collectifs et aux services communs (hall d'entrée, cafétéria, bibliothèque, salles de réunion).

Sur le plan constructif, l'immeuble principal se compose d'une macrostructure métallique culminant à près de 38 m de haut, constituée de trois portiques auxquels deux blocs de quatre étages sont suspendus au moyen de deux lisses longitudinales. Les poteaux et les poutres de la structure principale sont réalisés en caissons de tôle d'acier pleine pliée et soudée. Les trois portiques sont prolongés en sous-sol par des poteaux en béton armé installés dans des puits qui traversent la carrière sur 22 m de profondeur. Dans le but de limiter les efforts dus au vent, chaque plateau a été contreventé sur tout le pourtour par des poutres en chevrons ; les planchers et les toit-terrasses sont constitués d'une dalle en béton coulée sur un bac d'acier collaborant de type Holorib.

Les façades sont traitées de façon différenciée en fonction de l'orientation du bâtiment : exception faite pour le côté est, caractérisée par des balcons en dalle de béton, les trois façades aveugles sont constituées de panneaux de remplissage en fibrociment, dont la face extérieure est en Albanit et l'intérieur en Everdal. Chaque étage comprend douze chambres de 11 m² toutes donnant sur un balcon courant. Au centre de chaque étage, des espaces collectifs sont affectés à la cuisine et aux équipements sanitaires. Les chambres et les services communs sont desservis par un couloir de 3 m de large flanquant la façade ouest animée par l'escalier extérieur de secours à double spirales.

Entre les deux blocs suspendus prend place l'étage réservé à l'appartement du directeur, auquel s'ajoutent quatre chambres d'étudiants. L'ascenseur que Claude Parent préfigurait à l'origine à l'extérieur, intégré au centre du pavillon, est la seule colonne qui relie toutes les parties de l'immeuble en partant du sol. Il est enfermé dans une cage autostable détachée des planchers par un vide de 6 cm qui ne contrarie pas les mouvements latéraux.

5. RAISONS JUSTIFIANT LA SELECTION EN TANT QUE BÂTIMENT DE VALEUR REMARQUABLE ET UNIVERSELLE

1. appréciation technique :

Imprégné d'une vision humaniste privilégiant les aspects théoriques et sensibles à une composition architecturale liée aux problématiques techniques relevant de la pratique du chantier, Claude Parent a recours aux nouveaux systèmes de construction et aux matériaux expérimentaux issus de l'industrialisation du bâti dans la mesure où ils lui permettent de concrétiser les formes plastiques et les contenus du programme qu'il a préfiguré. Dès sa conception, la Maison de l'Iran est tout à fait paradigmatique de cela, participant à plein titre à cette démarche architecturale.

Comme on vient de le préciser, l'exploit technique de cet édifice est issu paradoxalement des contraintes imposées par les dimensions restreintes du site, par la nature du sous-sol (en carrières), ainsi que par les exigences dictées par la maîtrise d'ouvrage. L'optimisation structurelle calculée en fonction du minimum des points d'appui comporte une construction en élévation fondée sur le principe de suspension des blocs habitables. Rare exemple en France d'architecture métallique suspendue à une macro-structure, ce bâtiment d'avant-garde témoigne de par ses qualités intrinsèques d'une réalisation exemplaire qui s'inscrit dans les innovations techniques et constructives de la deuxième moitié du XXe siècle.

2. appréciation sociale :

La démarche architecturale de Claude Parent n'est pas liée à un engagement militant dans la lutte sociale. Observateur des tensions politiques et sociales qui éclatent dans les contestations à Paris en mai 1968 – le chantier de la Maison de l'Iran est alors en cours d'achèvement, et à partir de 1969 il devient un « foyer subversif » en révolte contre le régime du Shah – Parent, comme souligne Ionel Schein dans un commentaire paru en 1972, tout en admettant la lutte des classes, fuit le combat politique, n'arrivant pas à entrevoir dans l'architecture un instrument idéologique de libération de l'homme (*Claude Parent ou la nécessité d'être architecte*, cit., p. 636). Toutefois, bien qu'il appartient à une élite culturelle et que ses programmes soient conçus au bénéfice d'une commande privée aisée, ses projets et ses réalisations apportent des contributions substantielles aux débats de son époque sur les grands thèmes liés à l'habitat, où l'architecture est le principe effectif d'une transformation et d'une évolution sociale. Contrairement aux architectes rationalistes en quête d'un nouveau système lexical et programmatique universel, C. Parent, loin de « privilégier » les attentes d'une classe sociale déterminée, essaye de donner, au cas par cas, des réponses concrètes en termes d'amélioration des conditions de vie et de confort, convaincu que les contraintes imposées par chaque maître d'ouvrage requièrent des adaptations contextuelles propres.

3. appréciation artistique et esthétique :

Au niveau de la recherche de l'expression, en décryptant la vision architecturale et plastique de Claude Parent, la Maison de l'Iran, puis Fondation Avicenne, « est un exercice rythmique de découpage de l'espace avec les moyens les plus simples et les plus utilisés de l'architecture contemporaine » (Claude Parent, « Maison de l'Iran, Fondation Farah Pahlavi... », *cit.*, p. 64). L'adoption d'un système de trois portiques monumentaux, liés par des poutres horizontales, conduit à la vision même de macro-ossature. C'est dans l'affirmation du tracé de cette ossature principale et dans le traitement quasiment brutaliste des parements que réside le parti esthétique du projet. Exhibée, rejetée hors des volumes habitables – deux blocs en caissons suspendus, clos, qui renvoient métaphoriquement aux containers industriels – cette ossature scande l'espace.

Comme Vincent Mallard, directeur du patrimoine de la Cité internationale universitaire de Paris l'a souligné à juste titre, la macrostructure de métal « est l'axiome de départ et le fil conducteur [de ce projet expérimental] : elle opère la synthèse entre technique et architecture, l'une affirmant l'autre ; elle découle des principes de l'architecture moderne (pilotis, plan libre et façade libre) ; elle fixe la géométrie de l'édifice et organise le rapport des parties au tout ; elle assure l'identité du bâtiment » (COLL., *Réhabiliter les édifices métalliques emblématiques du XXème siècle*, cit., p. 90).

Icône de l'architecture moderne composant un tout intégré, depuis l'impact à l'échelle urbaine de sa structure monumentale jusque dans ses moindres détails, cette véritable « sculpture urbaine » se distingue de par son originalité, sa qualité plastique et ses oppositions tranchées entre mouvement et rigidité, rigueur géométrique du tracé et spirale inversée de l'escalier en acier accrochée à la façade opaque, jeu des vides et des pleins, noir de la macrostructure métallique et blanc des façades lisses – superbe « équation tant morphologique qu'esthétique en symbiose avec la technologie retenue ».

Essai architectural conforme aux canons modernistes – du « Mies van der Rohe revisité » selon la définition de Claude Parent lui-même – la Fondation Avicenne est également une œuvre classique dans les termes où les éléments de base qui la composent – structure et enveloppe – répondent de façon cohérente à une hiérarchie prédéterminée : ordre primaire de la macro-structure – ordre secondaire des planchers suspendus. Sur le plan artistique, le jardin qui entoure l'ensemble architectural, conçu – comme rappelle C. Parent – « dans le même esprit » par l'architecte paysagiste Claude Colle, « assouplit par ses courbes tendues la pénétration brutale des masses d'acier dans les sols ».

4. arguments sur le statut canonique (local, national, international) :

La conception et la réalisation de cette œuvre « perturbatrice » construite « à la manière d'une plate-forme pétrolière » s'inscrit à plein titre dans une phase historique, celle des années 1960, où l'innovation radicale produite par l'utilisation à grande échelle des nouveaux systèmes de préfabrication du bâti semble ouvrir des horizons d'attente inédits et des opportunités quasiment illimitées en termes d'expérimentation technique et de créativité architecturale. La Fondation Avicenne est porteuse de ce processus dont la réception dépasse amplement le contexte local. Si la revue *L'Architecture d'aujourd'hui*, entre 1961 et 1969, est la tribune documentaire et iconographique privilégiée de la genèse de l'œuvre – dès les phases préliminaires du projet jusqu'à l'aboutissement du chantier – la presse spécialisée internationale « légitime » le statut canonique du bâtiment, preuve en est de l'attention portée en Italie par Bruno Zevi dans un bref commentaire publié en 1973 dans la revue *Architettura. Cronache e Storia* (cit, p. 647). Sur le plan patrimonial, la Fondation Avicenne n'a acquis une reconnaissance qu'en 2006, lors du colloque *Réhabiliter les édifices métalliques emblématiques du XXème siècle*, qui s'est tenu à la Cité internationale universitaire de Paris. A cette occasion, les problématiques soulevées par sa réhabilitation ont été comparées à des interventions de restauration exemplaires de bâtiments-icônes de l'architecture moderne, telles que l'usine Van Nelle de Rotterdam et le sanatorium Zonnestraal d'Hilversum.

Nous pouvons souligner aussi que dans un contexte ambitieux de développement et de construction de nouvelles maisons, il est important pour la Cité internationale universitaire d'affirmer son attachement à son histoire et à ses origines. Dernier bâtiment élevé dans le territoire de la Cité internationale, la Fondation Avicenne joue un rôle prépondérant de relais symbolique et physique avec cette nouvelle phase de construction qui commence.

Enfin, en termes plus généraux, suite à l'épuisement historique de l'âge doré des années 1950-1960, l'historiographie officielle a sous-estimé, si ce n'est oublié, pendant presque une trentaine d'années, la portée révolutionnaire de l'œuvre de Claude Parent. Longtemps considérée comme marginale, on ne trouve aucune référence dans l'ouvrage de William R. Curtis, ou bien dans celui de Kenneth Frampton. Toutefois, depuis la fermeture de son agence en 1996, le trajet architectural et expressif de Claude Parent a suscité de réel intérêt, obtenant sa consécration et sa légitimation définitive en 2010, lors de l'exposition *Claude Parent, l'œuvre construite, l'œuvre graphique*, présentée en mai 2010 à la Cité de l'architecture et du patrimoine.

5. évaluation du bâtiment en tant qu'édifice de référence dans l'histoire de l'architecture, en relation avec des édifices comparables :
Dans un contexte, tel que celui de la Cité internationale universitaire de Paris, historiquement consolidé depuis sa fondation au début des années 1920, Claude Parent apporte, par la construction de la Fondation Avicenne, une contribution tout à fait originale et innovante au programme de logements pour étudiants tant du point de vue de la recherche architecturale et typologique, qu'en termes des solutions techniques expérimentales liées à la recherche de l'industrialisation du bâtiment. La hardiesse du système structurel adopté, l'attention portée aux détails constructifs, la modernité affichée des équipements collectifs, ainsi que la fluidité de l'articulation des espaces intérieurs font de cet édifice pionnier un véritable jalon de l'architecture moderne, et l'un des rares exemples en France d'architecture suspendue. En fait, si d'un point de vue formel, le bâtiment peut être comparé à la Tour Albert, qui date de 1960, sur le plan constructif, il se rapproche de l'immeuble de la Caisse d'allocations familiales (CAF), érigé en 1959 par les architectes Raymond Lopez et Marcel Reby, dont la façade en mur rideau est fixée à l'ossature métallique qui surplombe le dernier étage. De façon similaire, les expérimentations que Jacques Kalisz réalise dix ans plus tard à la piscine d'Aubervillier (1969) émanent du même principe de structure suspendue, dans une phase historique où le principe de macrostructure est également utilisé dans les œuvres d'Edouard Albert, preuve en est la tour « totémique » de la faculté de Jussieu (1970).
Créativité architecturale, approche esthétique, innovation technique : c'est dans ces termes que l'on peut synthétiser la qualité exceptionnelle de cet édifice emblématique de la modernité du XXe siècle.

6. PHOTOGRAPHIES ET ARCHIVES VISUELLES
liste des documents assemblés dans le dossier

1. archives visuelles originales:
Les illustrations **4** et **5**, montrant respectivement l'état d'avancement du chantier à la date du 27 juin 1967 et l'emplacement du bâtiment à proximité immédiate du périphérique, sont extraites des archives de la Cité internationale universitaire de Paris, conservées à l'Oblique, centre de valorisation du patrimoine de la CIUP.
4. Maison de l'Iran. Montage de l'ossature métallique (© Cité internationale universitaire de Paris / Photo CFEM / DR/ 27 juin 1967).
5. Vue de la façade ouest depuis le Boulevard périphérique, 1969 (© Cité internationale universitaire de Paris).

2. photographies et dessins récents:
Les deux photos de l'édifice prises en 2013 (ill. 6) et en 2014 (ill. 7) sont tirées du travail de Milena Crespo, *La Fondation Avicenne à la Cité internationale universitaire de Paris - Problématique de conservation du patrimoine du XXè siècle*, Mémoire de Master 1 de l'Ecole du Louvre sous la dir. de Mme Isabelle Pallot-Frossard, mai 2014.

6. Fondation Avicenne, détail de la façade est (© Milena Crespo, octobre 2013).
7. Façade ouest, détail de l'escalier hélicoïdal extérieur (© Milena Crespo, février 2014).

Rapporteurs : Riccardo Forte, Milena Crespo, Alice Weil (janvier 2017).

ILLUSTRATIONS

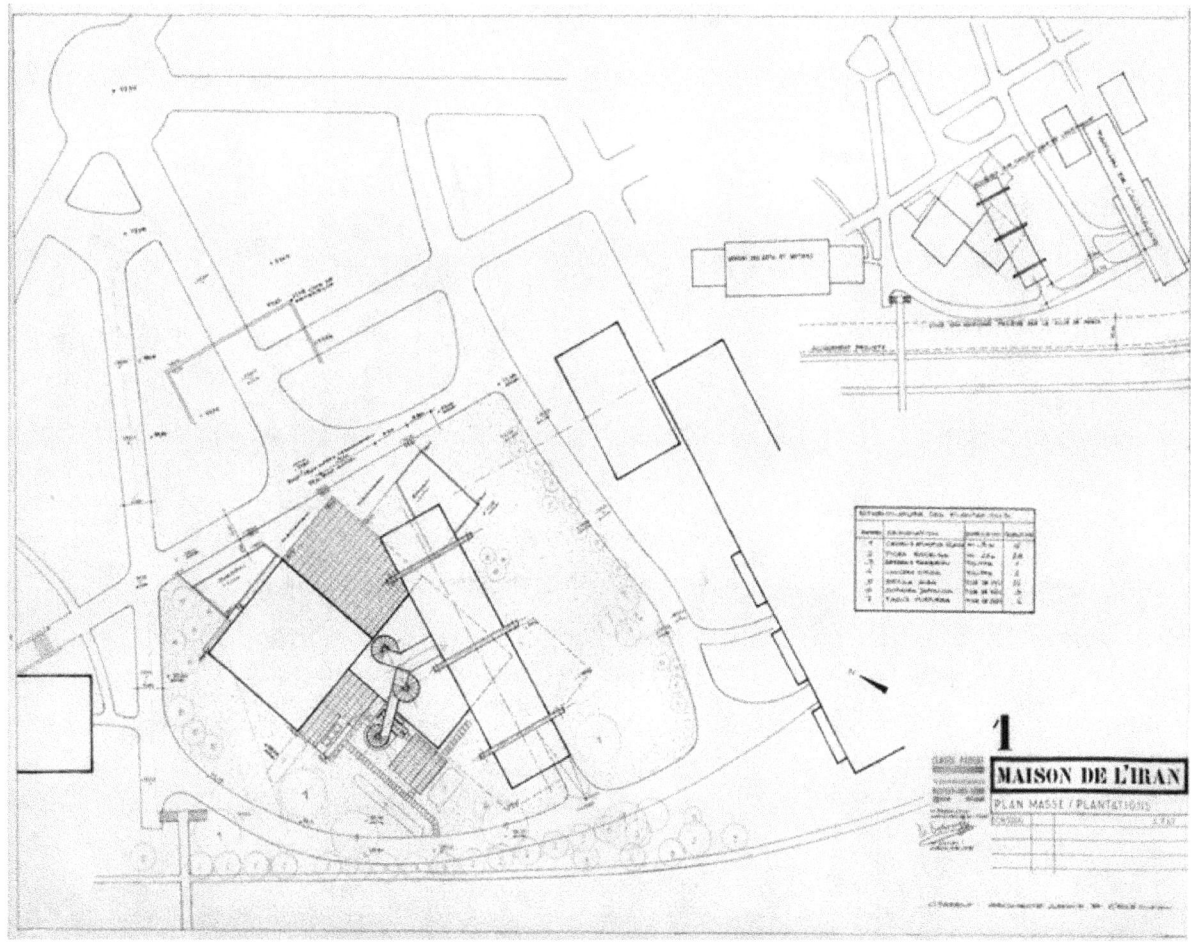

Ill. 1. Maison de l'Iran, Cité internationale universitaire, Paris, 1967. Plan masse, plantations, éch. 1:200. Dessin (© Collection Frac Centre, Orléans).

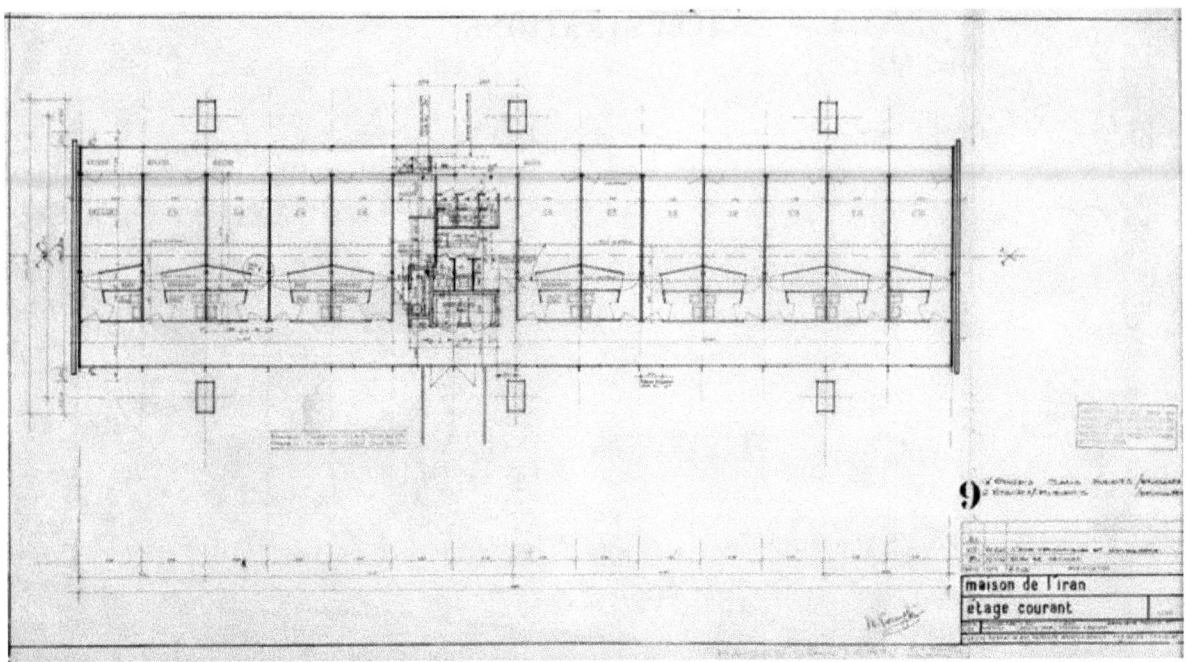

Ill. 2. Maison de l'Iran, Cité internationale universitaire, Paris, 1966. Etage courant, éch. 1:50. Dessin (© Collection Frac Centre, Orléans, n. inv. 99714244).

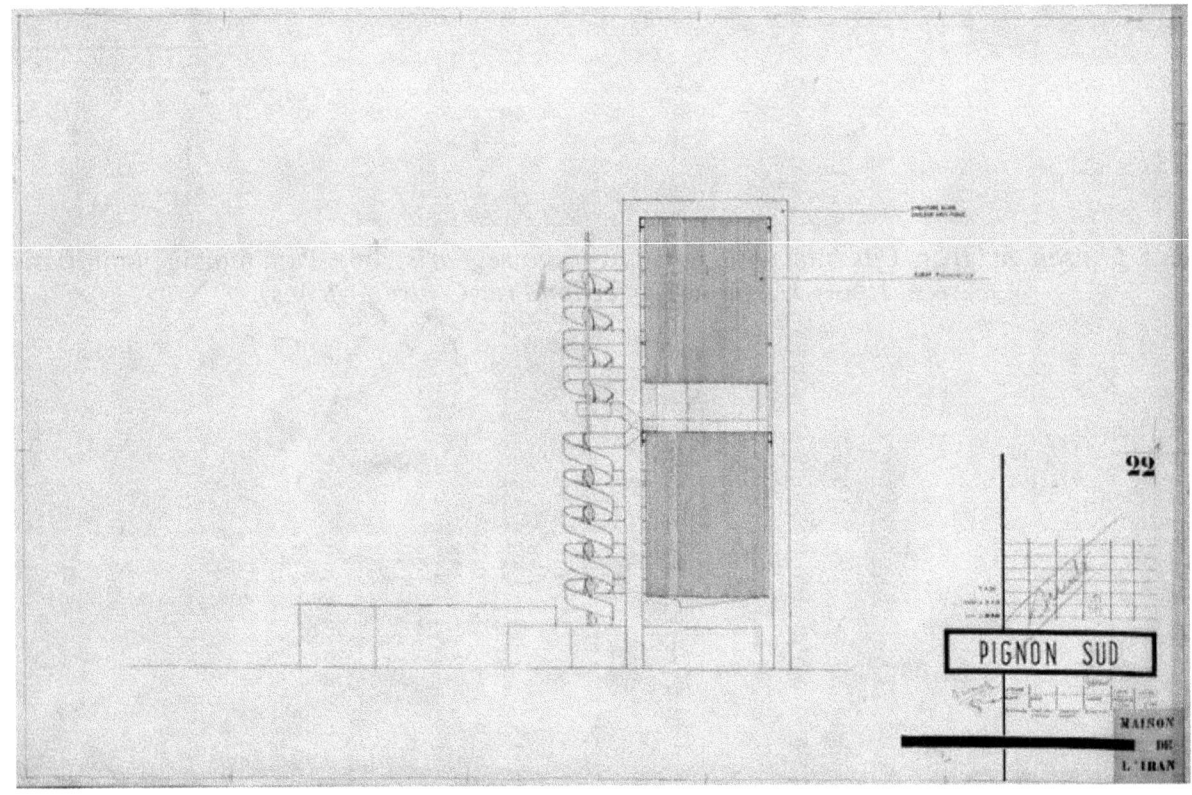

Ill. 3. Maison de l'Iran, Cité internationale universitaire, Paris, 1961-1962. Pignon sud, éch. 1:100. Dessin (© Collection Frac Centre, Orléans).

*Ill. 4. Maison de l'Iran. Montage de l'ossature métallique, 1967
(© Cité internationale universitaire de Paris / Photo CFEM / DR /27 juin 1967).*

*Ill. 5. Vue de la façade ouest depuis le Boulevard périphérique, 1969
(© Cité internationale universitaire de Paris).*

Ill. 6. Fondation Avicenne, détail de la façade est, octobre 2013 (© Milena Crespo).

Ill. 7. Façade ouest, détail de l'escalier hélicoïdal extérieur, février 2014 (© Milena Crespo).

« RÉINTERROGER » LE MODERNE :
LE PROJET DE RÉHABILITATION DE LA FONDATION AVICENNE À LA CITÉ INTERNATIONALE UNIVERSITAIRE DE PARIS

La réhabilitation de la Fondation Avicenne – bâtiment-icône de la pensée radicale et novatrice de l'architecte Claude Parent, édifié à la fin des années 1960 à la Cité internationale universitaire de Paris – fait l'objet d'un défi culturel bien avant que technique. Construit pendant une phase historique où l'Utopie « régénératrice » du Moderne semblait être (par l'utilisation, parfois hasardeuse, de matériaux et de techniques expérimentaux) en mesure de satisfaire les attentes de la société – cet édifice « hérétique », entamé par des phénomènes d'obsolescence précoce, réclame aujourd'hui une réflexion générale sur les doctrines de préservation du patrimoine architectural récent. Le travail conduit de 2006 à 2012 par l'agence des architectes Gilles Béguin et Jean André Macchini, titulaires du projet lauréat de réhabilitation, témoigne d'un effort de médiation savant et avisé entre le legs de l'histoire et les nouvelles exigences de la vie contemporaine.

Préambule

Notre équipe d'architectes et d'ingénieurs a été retenue en 2005 dans le cadre de la consultation lancée par les services du patrimoine de la Cité internationale universitaire de Paris pour la rénovation de la Fondation Avicenne - pour nos compétences en charpente métallique, et pensons-nous, pour la démarche que nous avions proposée dans notre offre, d'aborder ce projet méthodiquement, sans rien s'interdire a priori.

Nous avions établi notre proposition sur :
- un diagnostic minutieux de l'existant, basé sur des sondages et la recherche d'archives ;
- une approche expérimentale en demandant la réalisation de prototypes (chambre type et trame de façade) - seuls à même de présenter concrètement l'impact de la réhabilitation. À ce jour il n'a été réalisé qu'un seul prototype pour le désamiantage d'une chambre au R+1 ;
- une approche collégiale, basée sur le débat ;
- une démarche en développement durable, axée sur les économies d'énergie et l'amélioration du confort pour les résidents.

Claude Parent, que nous avions rencontré à cette occasion, se disait prêt à « réinterroger » son bâtiment à l'aune des exigences contemporaines de confort, de sécurité et d'économie d'énergie. Sa pratique, en rupture avec les convenances et l'idée de conservation du patrimoine, le portait à repartir de zéro : lors des discussions avec les experts, il lui fut répondu que ce bâtiment ne lui appartenait plus, devenu un « bien public ».

Le projet conçu dans les années 1960-1965 puis construit de 1966 à 1969 se prêtait à une approche radicale puisque nous devions pour le débarrasser de l'amiante, revenir à son squelette ; macrostructure et plateaux libres suspendus dans le ciel de Paris – telle une sculpture à échelle monumentale.

Ill. 1. Fondation Avicenne, Cité internationale universitaire de Paris. Photo de la façade nord-ouest, septembre 2006 (© SCP Béguin et Macchini Architectes).

Ill. 2. Fondation Avicenne. Photo de la façade sud-est, février 2006 (© SCP Béguin et Macchini Architectes).

Le programme initial

Le maître d'ouvrage de son côté écrivait un programme exigeant en terme de fonctionnalité, et proche des standards de confort actuel afin de transformer 96 chambres non équipées avec des sanitaires et cuisines collectifs pour chacun des 8 plateaux, en une centaine de petits studios autonomes tout équipés.

Les premières études, déclinant le programme initial, visaient à améliorer très fortement les performances techniques du bâtiment en se rapprochant des normes actuelles, tant pour l'isolation thermique de l'enveloppe, que pour l'isolation acoustique – le bâtiment est très proche du boulevard périphérique [ill. 1] – que pour l'isolation entre les chambres – les planchers et les cloisons sont de très faibles épaisseurs – que pour l'accessibilité aux handicapés, ce qui nécessitait de reconstruire les deux cages d'ascenseurs.

Le diagnostic

Nous avons mené avec nos ingénieurs un diagnostic minutieux du bâtiment, révélant la bonne condition de sa charpente, mais trouvant de l'amiante pour le protéger du feu du plomb dans le revêtement anti-corrosion protégeant le métal.

Examen de la structure et de l'enveloppe :

Le bâtiment est constitué d'une macrostructure qui comprend trois portiques rigides encastrés en pied supportant des lisses horizontales aux niveaux R+5 et au R+9. Ces deux grilles de poutres reprennent à chaque travée 4 suspentes pour supporter les planchers, 2 profilés en « H » pour les deux suspentes intermédiaires, des profilés extérieurs en « I » structurant la façade nord-ouest et des « U » supportant les loggias filantes au sud-est.
Pour bien comprendre le bâtiment, nous en avons redessiné complètement la structure, à partir des archives de Claude Parent parfaitement conservées au FRAC Centre, complétées par des relevés faits sur site [ill. 3, 4, 5, 6].

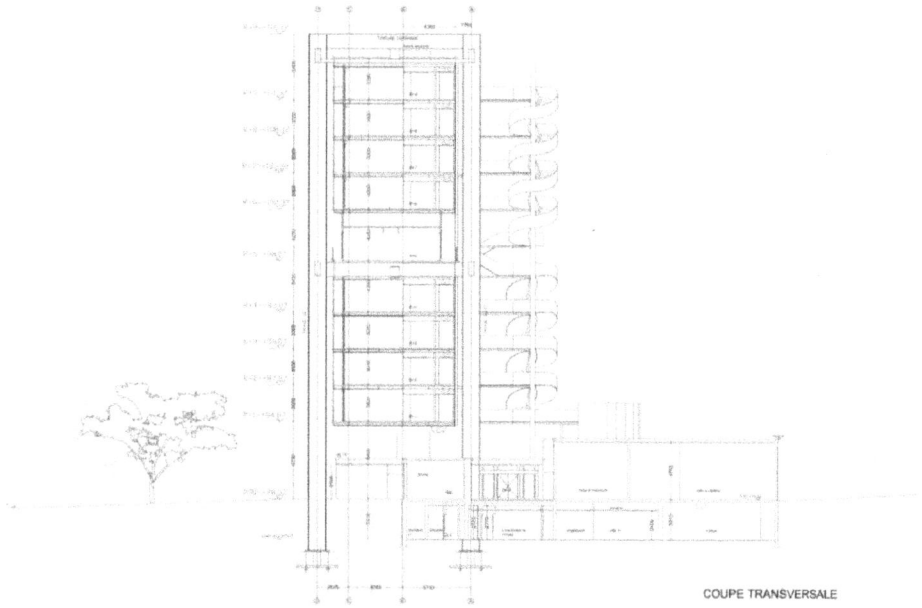

Ill. 3. Coupe transversale existante, 2006 (© SCP Béguin et Macchini Architectes).

Notre ingénieur structure a modélisé la charpente métallique, et vérifié le dimensionnement des pièces de structure. En complément, nous avons fait procéder à des sondages afin de déterminer la qualité des aciers, l'épaisseur des tôles et leur état de corrosion (à l'intérieur des caissons notamment), ainsi que la composition et la présence des armatures des planchers.

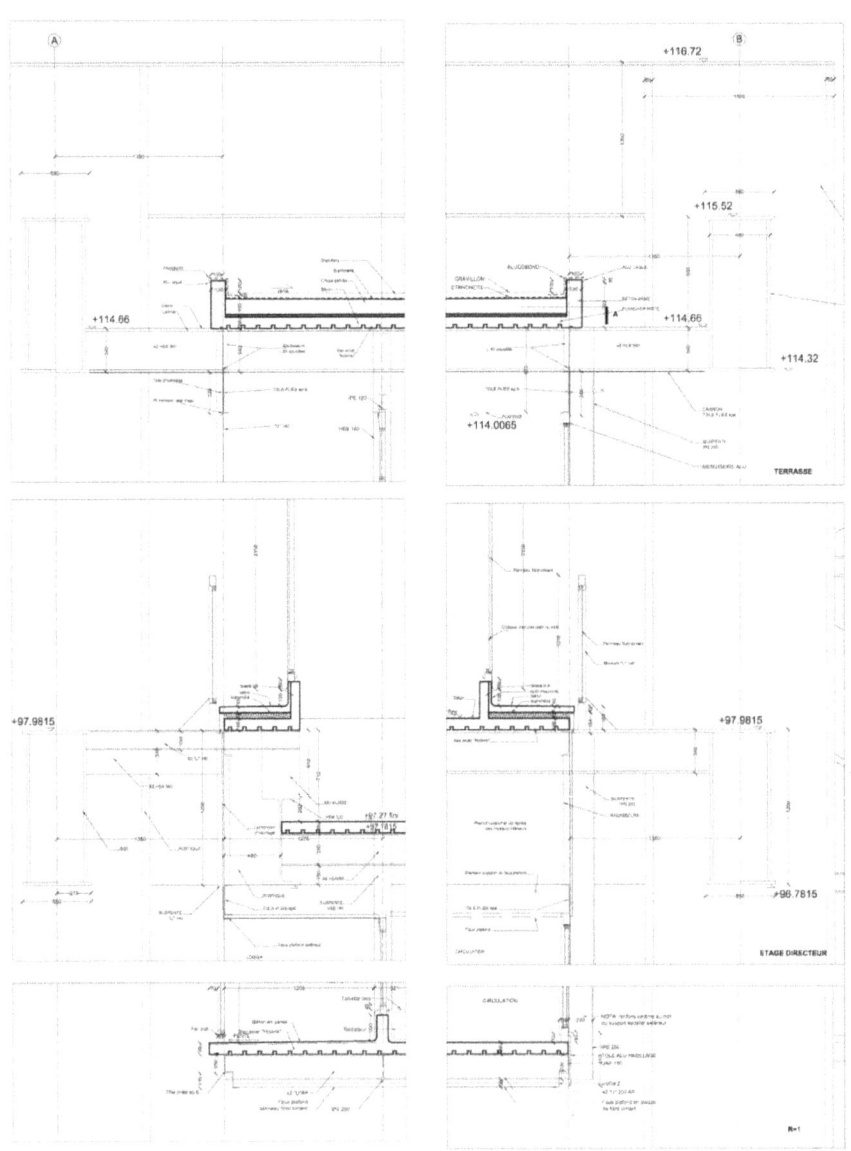

Ill. 4. Détail de la coupe transversale existante, 2006 (© SCP Béguin et Macchini Architectes).

Les conclusions de nos bureaux d'études sont excellentes pour les éléments de la charpente principale :
- les calculs de dimensionnement s'avèrent corrects, vis-à-vis des efforts du vent notamment. Les contraintes dans les différents éléments de la charpente (caissons des portiques principaux, poutres de plancher et suspentes) sont relativement éloignées des contraintes admissibles. La conception de planchers suspendus avec une forte densité de suspentes réduit considérablement la portée des poutres de plancher et ainsi également leur taux de travail. La structure principale, à base de portiques en caisson très raides, est dimensionnée par rapport aux déplacements horizontaux (états limites de service), ce qui explique également la relative faiblesse des contraintes.

- les sondages des pièces d'acier ont révélé une corrosion faible des épaisseurs de tôle et des nuances supérieures à celles prévues sur les plans. L'entreprise CFEM qui a réalisé l'ouvrage était spécialisée dans les ouvrages d'art, ce qui a certainement participé à la qualité de cette construction.

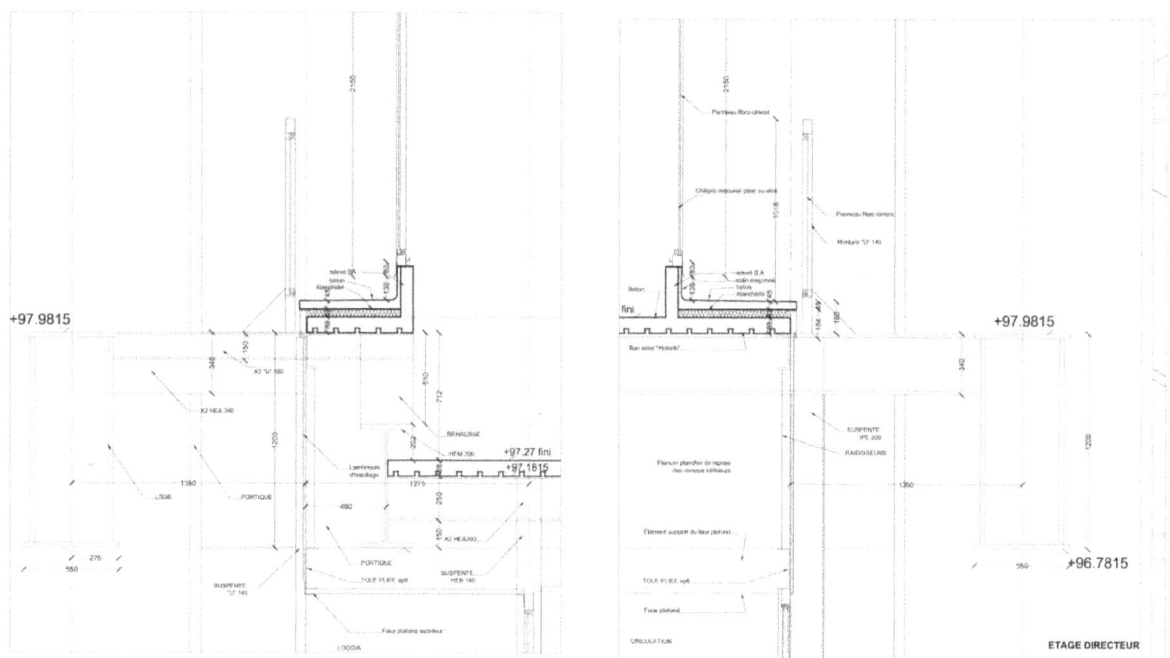

Ill. 5. Etage directeur, détail existant longitudinale R+5, 2006 (© SCP Béguin et Macchini Architectes).

D'autres parties de l'ouvrage ont été au contraire très optimisées lors de la conception :
- Les planchers tout d'abord. De type mixte, ils sont composés d'une tôle d'acier nervurée avec un remplissage béton très mince, pour une épaisseur tout compris de 88 mm. Ils ont une faible portance, ce qui a obligé à faire reposer tous les cloisonnements intérieurs sur des chevêtres. Ils ont dû, d'autre part, contreventer par des barres en diagonales pour résister aux effets du vent.
- La façade sud-est [ill. 2] est entièrement vitrée, constituée de châssis aluminium à simple vitrage, sans fermeture en partie haute dans le plenum du faux-plafond – ce qui laisse passer l'air du dehors.
- Les pignons et la façade nord-ouest sont constitués de panneaux fibrociment sertis entre les suspentes, sans qualité isolante.

L'enveloppe est donc constituée de composants très légers, qui ne répondent plus aux exigences actuelles d'étanchéité à l'air et à l'eau, peu efficaces pour atténuer le bruit de la circulation du boulevard périphérique, et peu performants vis-à-vis de l'isolation thermique du bâtiment. La légèreté globale de l'édifice par rapport à une construction traditionnelle est une difficulté majeure pour rénover ce type de bâtiment, n'autorisant pas à recharger de façon trop importante les fondations et la charpente métallique principale. Le doublement *a minima* du poids du vitrage, la mise en œuvre de chape acoustique sur les planchers posent un réel problème à la réhabilitation. Un bâtiment plus massif est plus facile à traiter, les charges nouvelles apportées étant en proportion moins impactantes sur la structure porteuse. Sa faible inertie thermique d'autre part le rend inconfortable, ne permettant pas de réguler les échauffements, ainsi que les variations de température jour/nuit.

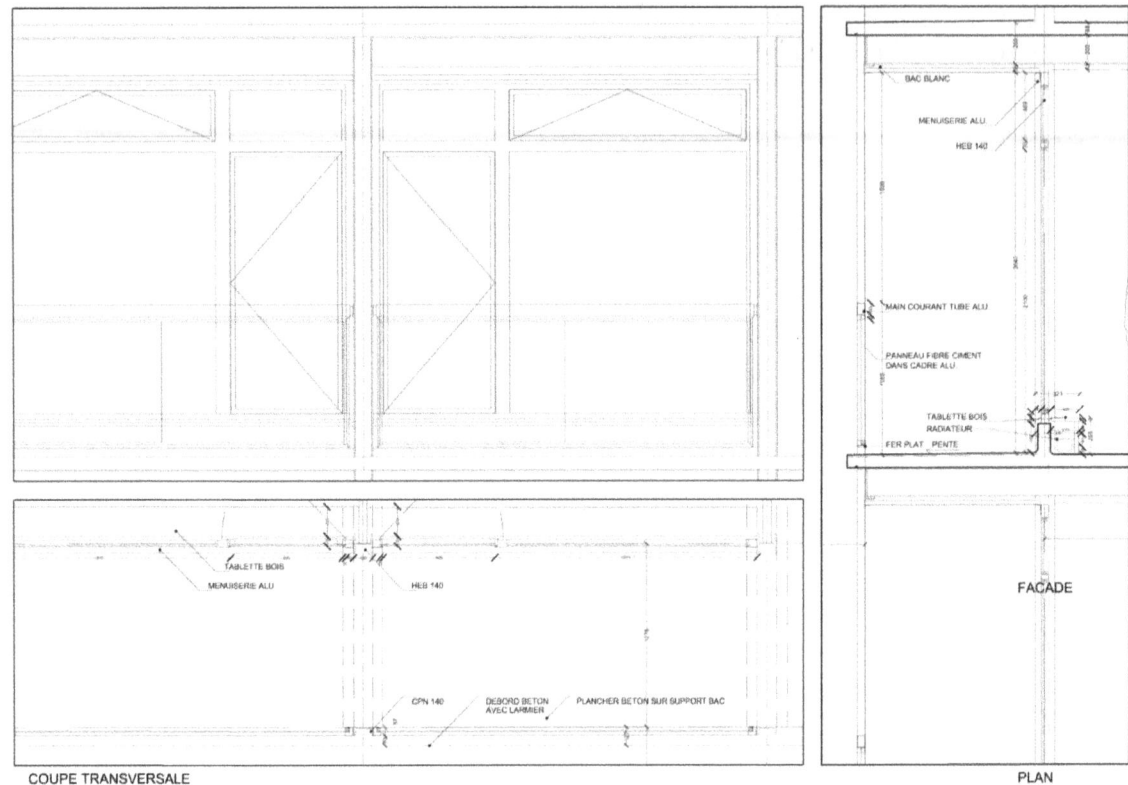

*Ill. 6. Existant-extrait façade sud-est, plan et coupe transversal, 2006
(© SCP Béguin et Macchini Architectes).*

Présence d'amiante et de plomb

Pour aller au-delà des premiers rapports réglementaires, et pour anticiper sur la phase opérationnelle, nous avons demandé le désamiantage d'une travée de structure (future chambre témoin), ce qui nous a permis de déposer cloisons, façade vitrée, habillages des suspentes, pour dégager les éléments de structure floqués ou capotés. Ces sondages nous ont permis d'affiner notre étude, et ont confirmé la nécessité d'un déshabillage complet du bâtiment jusqu'à la mise à nu du squelette métallique de l'édifice.

Il s'est avéré d'autre part que le revêtement anticorrosion de la charpente métallique contenait du plomb, dans des proportions supérieures aux normes actuelles.

Sondages acoustiques

Les sondages nous ont permis d'ajuster, à partir de données mesurées sur site par notre acousticien, les objectifs à atteindre pour améliorer les performances du bâtiment. Fenêtre fermée : les mesures obtenues dans une chambre s'élèvent à 55 Dba, et fenêtre ouverte, elles s'élèvent à 70 Dba.

Les évolutions du projet

Nous avons donc remis une première étude conforme au programme initial, en rendant le bâtiment confortable, accessible et sûr au regard des exigences actuelles :
- *En le débarrassant de l'amiante.*
- *Le protégeant des risques d'incendie* en lui conférant une stabilité au feu de 1h30, et en redessinant le plan des chambres pour ne pas dépasser 15 m entre chaque porte palière et l'escalier de secours. Nous avons convaincu les services incendie de ne pas nous obliger à créer un escalier supplémentaire (en limitant les effectifs totaux à 200 résidents), qui risquerait de nuire à l'esthétique du bâtiment.
- *L'isolant du bruit* de la circulation incessante de jour comme de nuit, en améliorant l'isolation interne du bâtiment (entre logements, ainsi qu'entre logements et circulation).
- *Le rendant confortable tant l'été que l'hiver, et économe en énergie* pour le rendre plus respectueux de son environnement. Les dépenses actuelles en énergie de chauffage sont très élevées, d'environ 314 KW/m2/an – consommation qu'il faudrait au moins diviser par trois.
- *Améliorant la qualité de l'air* : très pollué au voisinage du boulevard périphérique. Le projet prévoyait une ventilation double flux avec apport d'air neuf filtré.
- *Le rendant accessible aux personnes handicapées* : le projet prévoit le remplacement et l'agrandissement des ascenseurs, ainsi que l'aménagement d'un logement adapté à des personnes handicapées à chaque niveau.

Et ce, tout en augmentant sa capacité d'accueil par la réduction des largeurs de circulation et par l'optimisation de l'organisation des plateaux.

Au rendu de cette première étude, le coût estimé du projet s'élevait bien au-dessus du budget prévisionnel provisionné par la Cité, et donc impossible à financer dans cette configuration. Différentes esquisses furent dessinées pour augmenter la capacité d'accueil et donc augmenter le revenu des loyers. Il fût même imaginé de doubler le nombre de chambres, en les desservant par une circulation centrale et en ouvrant la façade nord-ouest actuellement opaque **[ill. 7]**.

Ces différentes pistes, discutées en assemblée collégiale comprenant Claude Parent, la maîtrise d'ouvrage, assistée d'experts et de représentants des architectes des bâtiments de France et du Ministère de la Culture, après des discussions très animées, n'ont pas permis d'imaginer une évolution du bâtiment – et au final, ont réussi à "patrimonialiser" cet édifice provoquant et d'avant-garde à sa construction.

En partant de la nécessité de revenir au squelette de l'édifice, par le désamiantage, fallait-il :
- réhabiliter l'édifice, en reconstituant ses façades d'origine ? Le bâtiment le mérite pleinement, puisqu'il est devenu une icône architecturale du XXe siècle.
- choisir un parti plus ouvert, en prenant en compte l'ensemble des contraintes actuelles pesant sur un bâtiment d'habitation ? Soit un projet de re-création à partir des potentialités du squelette, en profitant des opportunités offertes par le métal. Lors de la consultation d'architectes, nous avions proposé de ne pas s'interdire cette exploration, en gardant un esprit ouvert à l'expérimentation. Pourquoi ne pas rêver et profiter de cette charpente dans le ciel de Paris, en augmentant le nombre de résidents ?

Ill. 7. Projet de réhabilitation, 3ème hypothèse. Photomontage de la façade nord-ouest comportant l'adjonction d'orielles à chaque étage, septembre 2006 (© SCP Béguin et Macchini Architectes).

La voie est étroite, et l'équilibre difficile à trouver entre la pure préservation de l'icône architecturale, et la possibilité d'inventer une nouvelle forme en respectant les grands principes de l'œuvre originale. A la vision de l'architecte concevant une « sculpture habitée » peut s'opposer celle de l'habitant, qui pourrait profiter, en ouvrant plus largement les façades, d'une vue superbe sur Paris et sa banlieue proche. L'architecture ne se résume pas à de beaux volumes jouant dans la lumière : un bâtiment est un organisme vivant, habité, vécu, dans une société en évolution rapide qui doit affronter de nouveaux défis en termes d'environnement.

Au terme du débat portant sur la possibilité ou non de faire évoluer l'architecture du bâtiment, est ressortie l'idée de préserver les « fondamentaux » de cette architecture - mais à l'analyse, ici tout est fondamental – le jeu des vides et des pleins, l'écart entre la macrostructure et le nu des façades, le graphisme des lignes et le jeu des plans. Le bâtiment forme un « tout », depuis sa vision lointaine, jusque dans ses moindres détails.

Claude Parent, faisant visiter son édifice, le décrit comme une œuvre classique - ici l'expression de la structure et la décomposition des composants de l'ossature de l'enveloppe répond à une hiérarchie : grand ordre de la macrostructure – ordre secondaire de la suspension des planchers.

Claude Parent souhaitait élargir le collège à des personnalités internationales, afin de sortir du contexte franco-français – mais c'est en fait le colloque organisé en novembre 2006 par la Cité, qui par l'apport d'expériences de projets menés à l'étranger a clôturé ce débat.

À ce jour

L'édifice a fini par être inscrit au titre des Monuments historiques en 2008 à l'issue de ces discussions, et au final en maintenant le bâtiment au plus près de l'existant.

La dernière version du projet présentée en 2012, basée sur un nouveau programme, se propose de revenir au plus près de l'existant en conservant :
- des sanitaires collectifs à chaque étage ;
- les deux ascenseurs existants simplement rénovés.

Et pour la restauration, un aménagement du sous-sol en cuisines et salle à manger pour les résidents. L'aménagement des chambres est conçu pour accueillir deux étudiants, avec un mobilier spécifiquement adapté. **[ill. 8 et 9]**.

Ill. 8. Vue axonométrique du nouvel aménagement de la chambre-type. Dernière version du projet, septembre-octobre 2012 (© SCP Béguin et Macchini Architectes).

Ill. 9. Vue perspective de la chambre-type, septembre-octobre 2012 (© SCP Béguin et Macchini Architectes).

Bien entendu le projet, que nous avons mené jusque dans ses détails constructifs, a montré la possibilité d'améliorer les performances des façades sans changer l'aspect général de l'édifice.

En conclusion

Aujourd'hui, à plus de 9 ans de distance, le projet étant malheureusement toujours non financé, nous pouvons tirer aujourd'hui les premières leçons de cette histoire. Le cheminement intellectuel mené collectivement, évolutions du programme et du projet – au-delà des doctrines de préservation du patrimoine – montre qu'il faut partir des contraintes et du potentiel du bâtiment, établis à partir d'une approche technique et scientifique, et non d'idées préconçues.

Pour la Fondation Avicenne, les très fortes contraintes pesant sur le bâtiment :
- présence d'amiante et de plomb, dont l'enlèvement pèse lourdement sur le budget de l'opération ;
- légèreté de la structure existante s'appuyant sur des fondations profondes, au travers de plusieurs niveaux de carrière – caractéristiques limitant les possibilités d'alourdir le bâti afin d'améliorer ses performances en terme d'isolation thermique et acoustique ;
- faible inertie thermique ;
- importance de la structure au regard des surfaces de plancher développées ;

conduisent logiquement à un parti modeste et au plus proche de l'existant.

SCP BEGUIN et MACCHINI Architectes

INVENTAIRE DES PROJETS RÉALISÉS PAR CLAUDE PARENT

1952

1952-1953, Maison Gosselin, Ville-d'Avray
avec Ionel Schein et Gilles-Louis Bureau (arch.), Robert Jacobsen, André Bloc et Maximilien Herzele (art.), Antoine Fasani (mise en couleur), Alain Richard (décoration), Jean Maire (jardin)
Mnam-CCI, BK, n.c. - FRAC Centre, PARE - SIAF/CAPA/archives, 056 Ifa - SIAF/CAPA/musée[1]

1952-1963 Maison Parent, Neuilly-sur-Seine
avec André Bloc et Antoine Fasani (mise en couleur)
Mnam-CCI, BK, n.c.

1953

1953 Aménagement de l'appartement-agence de Claude Parent, Paris (détruit)
avec Antoine Fasani (mise en couleur)
Mnam-CCI, BK, n.c.

1953-1954 Maison Morpain, La Celle-sur-Seine
avec Ionel Schein
Mnam-CCI, BK, n.c. - FRAC Centre, PARE - SIAF/CAPA/archives, 056 Ifa

1953-1954 Maisons Capi, Rueil-Malmaison
avec Ionel Schein
FRAC Centre, PARE - SIAF/CAPA/archives, 056 Ifa

1953 Dispositif scénique pour *Ondine*, Théâtre de Verdure, Paris
avec Ionel Schein
SIAF/CAPA/archives, 056 Ifa

1954

1954-1955 Maison Herzele, Meudon
avec Ionel Schein
FRAC Centre, PARE - SIAF/CAPA/archives, 056 Ifa

1954-1956 Maison Hardy, Noisy-le-Sec
FRAC Centre, PARE

1954-1955 Maison Le Jeannic, Issy-les-Moulineaux
avec Ionel Schein
Mnam-CCI, BK, n.c. - SIAF/CAPA/archives, 056 Ifa

1954 Aménagement du bureau de Jacques Champy, Paris (détruit)
avec Ionel Schein (arch.), Nicolas Schöffer, Maximilien Herzele et André Bloc (art.), Antoine Fasani (mise en couleur)
Mnam-CCI, BK, n.c. - FRAC Centre, PARE

1954-1956 Habitations en bande, Rueil-Malmaison
avec Ionel Schein, Maximilien Herzele (mise en couleur)
FRAC Centre, PARE - SIAF/CAPA/archives, 056 Ifa

---

[1] Ces abréviations correspondent aux fonds d'archives publics dans lesquels il est possible de trouver de la documentation iconographique ou documentaire sur un projet.

1955

1955 *Maison Heureuse*, Grand Palais, Paris (détruite)
avec Jean-Pierre Rosier (décoration), Martin Lecointe (jardin)
FRAC Centre, PARE - SIAF/CAPA/archives, 056 Ifa

1955 Stand *Théâtre des nouveautés du charbon*, Grand Palais, Paris (détruit)
avec François Stahly (art.), Mme Rostaing (décoration)
Mnam-CCI, BK, n.c.

1955-1959 Maison Neyret, Fontenay-aux-Roses
avec André Bloc
Mnam-CCI, BK, n.c. - FRAC Centre, PARE - SIAF/CAPA/archives, 056 Ifa

1955-1956 Maison Hammelburg, Le Chesnay
avec André Bages (ing.)
Mnam-CCI, BK, n.c. - FRAC Centre, PARE - SIAF/CAPA/archives, 056 Ifa

1955-1957 Maison Perdrizet, Champigny-sur-Marne
avec J.P.O. Perdrizet, Maximilien Herzele (art.), Antoine Fasani (mise en couleur)
Mnam-CCI, BK, n.c. - FRAC Centre, PARE

1955-1956 Maison Somer, Le Perreux-sur-Marne
Mnam-CCI, BK, n.c.

1955-1956 Maison Leclerc, Suresnes
FRAC Centre, PARE - SIAF/CAPA/archives, 056 Ifa

1955-1957 Maison Roos, Sèvres
Mnam-CCI, BK, n.c. - FRAC Centre, PARE

1955-1957 Maison de gardien atelier, Meudon
avec André Bloc
Mnam-CCI, BK, n.c. - Mnam-CCI, musée - FRAC Centre, PARE

1955-1957 Pont sur le Gave, Lourdes
avec Pierre Vago
FRAC Centre, PARE - SIAF/CAPA/archives, 056 Ifa

1956

1956 Stand *Charbon 56*, Grand Palais, Paris (détruit)
Mnam-CCI, BK, n.c.

1956-1959 Maison Daubier, Villennes-sur-Seine (détruite)
avec André Bloc (plasticien-conseil), Claude Choque (collaborateur), Pierre Lhomme (ing.)
FRAC Centre, PARE - SIAF/CAPA/archives, 056 Ifa

1956 Appartement-agence de Claude Parent, Paris
Mnam-CCI, BK, n.c.

1956-1957 Salon de Mericias de Lemos, Paris
avec André Bloc
Mnam-CCI, BK, n.c.

1956-1958 Maison Soultrait, Domont
avec N. Souvaroff (ingénieur)
Mnam-CCI, BK, n.c. - FRAC Centre, PARE - SIAF/CAPA/archives, 056 Ifa

1956-1958 *Express-Marché*, Rueil-Malmaison (détruit)
Mnam-CCI, BK, n.c. - SIAF/CAPA/archives, 056 Ifa

1957

1957 Scénographie *Architecture contemporaine Intégration des arts* (détruite)
avec André Bloc

1957 Pavillon *Elle*, Foire de Paris, Paris (détruit)
avec René Crivelli
FRAC Centre, PARE - SIAF/CAPA/archives, 056 Ifa

1957-1958 Supérette *La Folie*, Nanterre (détruite)
avec Nicolas Schöffer (art.), N. Souvaroff (ing.), Jacques Belair (métreur)
Mnam-CCI, BK, n.c. - FRAC Centre, PARE - SIAF/CAPA/archives, 056 Ifa

1957-1959 Maison Depétris, Deuil-la-Barra
avec Pierre Lhomme (ing.)
Mnam-CCI, BK, n.c. - FRAC Centre, PARE - SIAF/CAPA/archives, 056 Ifa

1957-1959 Maison Carril, Saint-Nom-la-Bretèche
avec Claude Choque (collaborateur)
Mnam-CCI, BK, n.c. - FRAC Centre, PARE - SIAF/CAPA/archives, 056 Ifa

1957-1958 Café *Le Rond-Point des Champs-Elysées*, Paris (détruit)
avec André Bloc (art.), Antoine Fasani (mise en couleur), Jacques Biny (luminaires)
Mnam-CCI, BK, n.c. - FRAC Centre, PARE

1957-1961 Centre commercial et résidentiel *La Châtaigneraie*, La Celle-Saint-Cloud
avec René Guibert et Georges Bertrand (arch.)
Mnam-CCI, BK, n.c. - FRAC Centre, PARE - SIAF/CAPA/archives, 056 Ifa

1957-1958 Aménagement de la grotte, Lourdes
avec Pierre Vago
SIAF/CAPA/archives, 064 Ifa

1958

1958-1959 Maison Crétin-Maintenaz, Saint-Maur-des-Fossés
avec Claude Choque (collaborateur), Pierre Lhomme (ing.)
Mnam-CCI, BK, n.c. - FRAC Centre, PARE - SIAF/CAPA/archives, 056 Ifa

1958-1963 Centre commercial et résidentiel, Tinqueux
avec Pierre Vago et Robert Clauzier (arch.)
FRAC Centre, PARE - SIAF/CAPA/archives, 056 Ifa

1958-1959 Supérette, Antony (détruite)
Mnam-CCI, BK, n.c.

1958 Aménagement de l'appartement de Melle Bourgeois, Paris
avec Maximilien Herzele (art.)
Mnam-CCI, BK, n.c. - SIAF/CAPA/archives, 056 Ifa

1958 Scénographie de l'exposition *L'Art du XXe siècle*, Palais des expositions, Charleroi (détruite)
avec André Bloc, Charles Bailleux
Mnam-CCI, BK, n.c. - SIAF/CAPA/archives, 056 Ifa

1958 Scénographie d'une exposition sur Napoléon, Fleurus (détruite)
SIAF/CAPA/archives, 056 Ifa

1958-1959 Décoration d'un casino, Tabarja (détruite)

1959

1959 Aménagement du jardin de la Banque Nationale Agricole, Téhéran
avec André Bloc (art.)

1959-1962 Maison Bloc, Antibes
avec André Bloc, René Sarger, Miroslav Kostanjevac et Jean Heams (ing.)
Mnam-CCI, BK, n.c. - FRAC Centre, PARE - SIAF/CAPA/archives, 056 Ifa, 133 Ifa

1959-1969 Maison de l'Iran, CIUP, Paris
avec André Bloc (plasticien-conseil), Mohsen Foroughi et Heydar Ghiaï (arch.)
Mnam-CCI, BK, n.c. - FRAC Centre, PARE - SIAF/CAPA/archives, 056 Ifa
Archives Nationales, site de Pierrefitte
Archives de l'Oblique, centre de valorisation du patrimoine de la Cité internationale universitaire de Paris

1959 Aménagement des bureaux de la Société Semco, Paris
avec André Bloc
Mnam-CCI, BK, n.c.

1959 Stand *Charbon 59*, Grand Palais, Paris (détruit)
Mnam-CCI, BK, n.c.

1959 Aménagement de l'appartement de M. Périgord, Paris
Mnam-CCI, BK, n.c. - FRAC Centre, PARE

1959-1962 Supermarché SUMA, Athis-Mons (détruit)
avec Raymond Gravereaux, Claude Marty et Jean Heckly (arch.)
Mnam-CCI, BK, n.c. - FRAC Centre, PARE

1960

1960-1962 Maison Sockeel, Sainte-Maxime
FRAC Centre, PARE

1960-1964 Maison Auboyer-Mauriange, Meudon
Mnam-CCI, BK, n.c. - FRAC Centre, PARE - SIAF/CAPA/archives, 056 Ifa

1960 Réaménagement d'un immeuble, Nice
avec André Bloc
Mnam-CCI, BK, n.c.

1960-1961 Club de Bagatelle, Neuilly-sur-Seine
avec André Bages (ing.)
Mnam-CCI, BK, n.c. - SIAF/CAPA/archives, 056 Ifa

1960 Théâtre tournant, Porte de Versailles, Paris (détruit)
avec André Bloc
SIAF/CAPA/archives, 056 Ifa

1961

1961 Dispositif scénique pour *Chitra*, Palais de l'Unesco, Paris (détruit)
avec Sylvain Dhomme
SIAF/CAPA/archives, 056 Ifa

1961 Structure tridimensionnelle, Meudon
avec Serge Ketoff

1961 Dispositif scénique pour *Les Oiseaux*, Théâtre des Arts, Paris (détruit)
avec André Bloc (sculpture), Nina Riechetoff (costumes), Bernard Jenny (production), Guy Kayat (compagnie)
SIAF/CAPA/archives, 056 Ifa

1961 Maison Blanc, Itteville
Mnam-CCI, BK, n.c. - SIAF/CAPA/archives, 056 Ifa

1961-1963 Immeuble d'habitation *Maine 214*, Paris
avec J.-L. Sarf (ing.), Maximilien Herzele et André Bloc (art.)
Mnam-CCI, BK, n.c. - FRAC Centre, PARE

1962

1962-1975 Résidences *La Mirandole* et *Les Hauts de La Mirandole*, Vallauris
avec Louis Lafond (arch.), André Bloc (plasticien-conseil), Andrée Bellaguet (art.)
Mnam-CCI, BK, n.c. - FRAC Centre, PARE - SIAF/CAPA/archives, 056 Ifa

1963

1963-1966 Immeuble d'habitation, Bougival
Mnam-CCI, BK, n.c. - FRAC Centre, PARE - SIAF/CAPA/archives, 056 Ifa

1963-1967 Immeuble d'habitation, Saint-Cloud
avec Michel Carrade (art.)
Mnam-CCI, BK, n.c. - FRAC Centre, PARE - SIAF/CAPA/archives, 056 Ifa

1963-1965 Maison des Jeunes et de la Culture, Troyes (détruite)
avec D.M. Davidoff (ing.), Roger Fatus (décoration), Michel Carrade (art.)
Mnam-CCI, BK, n.c. - FRAC Centre, PARE - SIAF/CAPA/archives, 056 Ifa

1963-1966 Maison Drusch
avec Georges Patrix (mise en couleur et équipements)
Mnam-CCI, BK, n.c. - FRAC Centre, PARE - SIAF/CAPA/archives, 056 Ifa

1963-1966 Eglise Sainte-Bernadette du Banlay, Nevers
avec Paul Virilio, François Sonnet (arch.), Gérard Ghiglia (ing.), Odette Ducarre (vitraux), Morice Lipsi (mobilier), Michel Carrade (tapisserie)
Mnam-CCI, BK, n.c. - FRAC Centre, PARE - SIAF/CAPA/archives, 056 Ifa

1964

1964-1966 Maison Bordeaux-Le-Pecq, Bois-le-Roi
avec Georges Patrix (mise en couleur et équipements)
Mnam-CCI, BK, n.c. - SIAF/CAPA/archives, 056 Ifa

1964-1965 Résidence *Michelis*, Neuilly-sur-Seine
Mnam-CCI, BK, n.c. - FRAC Centre, PARE

1964 Théâtre ovale, Dijon (détruit)
avec Georges Vitaly (mise en scène), Jean Delanduc (décor sonore), Jacques Schmidt (costumes)
SIAF/CAPA/archives, 056 Ifa

1965

1965-1971 Immeuble d'habitation, Neuilly-sur-Seine
avec Gilbert Lézénès et Jean Nouvel (arch.)
Mnam-CCI, BK, n.c. - FRAC Centre, PARE - SIAF/CAPA/archives, 056 Ifa

1965 Scénographie *Nicolas Ledoux-Exploration du futur*, Salines royales de Chaux, Arc-et-Senans (détruite)
Mnam-CCI, BK, n.c. - FRAC Centre, PARE - SIAF/CAPA/archives, 056 Ifa

1965 Scénographie *Gilles Ehrmann*, Théâtre-Musée de la culture, Caen (détruite)

1966

1966-1969 Centre d'études Thomson-Houston, Vellizy-Villacoublay (détruit en partie)
avec Paul Virilio, Jean Nouvel (collaborateur)
Mnam-CCI, BK, n.c. - FRAC Centre, PARE - SIAF/CAPA/archives, 056 Ifa

1966 Résidence du *Parc de Marly*, Marly-le-Roy
avec Jean Nouvel (collaborateur)
Mnam-CCI, BK, n.c. - FRAC Centre, PARE

1966 Bureau de Paul Salmon, Paris
Mnam-CCI, BK, n.c.

1967

1967 Bureau de Pierre Goulet, Reims (détruit)
Mnam-CCI, BK, n.c.

1967-1968 Bureaux de la SAIGMAG, Neuilly-sur-Seine (détruit)
Mnam-CCI, BK, n.c.

1967-1969 Centre commercial, Ris-Orangis
avec M. Marteau (collaborateur)
Mnam-CCI, BK, n.c. - FRAC Centre, PARE - SIAF/CAPA/archives, 056 Ifa

1967-1970 Centre commercial, Pierry (détruit)
avec Jean Nouvel, Gilbert Lézénès et François Seigneur (collaborateur)
Mnam-CCI, BK, n.c. - FRAC Centre, PARE - SIAF/CAPA/archives, 056 Ifa

1967 Aménagement du bureau de Jacques Champy, Boulogne-Billancourt
avec Michel Carrade (jardin)
Mnam-CCI, BK, n.c. - FRAC Centre, PARE

1968

1968-1971 Centre commercial du Mont Saint-Pierre, Tinqueux (détruit en partie)
avec Gérard Ghiglia et Nicolas Esquillan (ing.), Gilbert Lézénès (collaborateur), Alexandra Cot (mise en couleur)
Mnam-CCI, BK, n.c. - FRAC Centre, PARE

1968-1969 Aménagement de la Maison de l'Iran, Paris (détruit)
avec Mohsen Foroughi (arch.), Eric Lieure (décorateur)
Mnam-CCI, BK, n.c. - FRAC Centre, PARE

1968-1971 Centre commercial, Sens
avec Gérard Ghiglia (ing.), Gilbert Lézénès et François Seigneur (collaborateur)
Mnam-CCI, BK, n.c. - FRAC Centre, PARE - SIAF/CAPA/archives, 056 Ifa

1968 Aménagement de l'appartement de Jean Baillais, Paris
avec Maximilien Herzele (art.)

1969

1969 Scénographie *Espace architectural*, Royan (détruite)
avec Philippe Gobled (arch.)
Mnam-CCI, BK, n.c.

1969 Scénographie *Espace architectural*, Musée-Maison de la Culture, Le Havre (détruite)
avec Philippe Gobled (arch.), Pyros et Gosselin (art.)
Mnam-CCI, BK, n.c.

1970

1970 *La ligne de plus grande pente*, Biennale d'art, Venise (détruite)
avec André Bellaguet, Samuel Buri, Jean-Pierre Cousin, Gilles Ehrmann, Gérard Mannoni, Charles Maussion et François Morellet (art.)
Mnam-CCI, BK, n.c. - FRAC Centre, PARE - SIAF/CAPA/archives, 056 Ifa

1970-1971 Aménagement de l'appartement d'Andrée Bellaguet, Neuilly-sur-Seine (détruit)
Mnam-CCI, BK, n.c.

1971

1971 Praticable, Maison de la culture, Nevers (détruit)
avec Andrée Bellaguet (art.)
Mnam-CCI, BK, n.c.

1971-1975 Immeuble de la Sécurité Sociale, Paris
avec Catherine Val (art.), Andrée Bellaguet (mise en couleur)
Mnam-CCI, BK, n.c. - FRAC Centre, PARE - SIAF/CAPA/archives, 056 Ifa

1972

1972-1976 Maison Carrade, Saint-Germain-des-Prés
avec Michel Carrade (chantier)
Mnam-CCI, BK, n.c. - FRAC Centre, PARE - SIAF/CAPA/archives, 056 Ifa

1972 Praticable, Douai (détruit)
Mnam-CCI, BK, n.c. - FRAC Centre, PARE - SIAF/CAPA/archives, 056 Ifa

1972-1973 Praticable, Maison de la culture, Amiens (détruit)
avec Gérard Mannoni et Matta (art.), Andrée Bellaguet (mise en couleur)
Mnam-CCI, BK, n.c. - FRAC Centre, PARE - SIAF/CAPA/archives, 056 Ifa

1972-1981 Pavillon d'accueil de la grotte de Clamouse, Gorges de Hérault
avec Joseph Brémond (arch.)
Mnam-CCI, BK, n.c. - SIAF/CAPA/archives, 056 Ifa

1973

1973-1975 Réaménagement de la maison Parent, Neuilly-sur-Seine (détruit)
Mnam-CCI, BK, n.c. - FRAC Centre, PARE - SIAF/CAPA/archives, 056 Ifa

1974

1974-1975 Collège *Louis de Broglie*, Ancemont
avec Roger Schott (arch.), Catherine Val et André Paul Foussier (art.)
Mnam-CCI, BK, n.c. - FRAC Centre, PARE

1975

1975-1991 Centrale nucléaire, Cattenom
avec Roger Schott (arch.), Alexandra Cot et Chloé Parent (mise en couleur), Annick Jung (paysagiste), François Seigneur (collaborateur)
Mnam-CCI, BK, n.c. et musée - FRAC Centre, PARE - SIAF/CAPA/archives, 056 Ifa

1975-1979 Résidence *Esméralda*, Neuilly-sur-Seine
avec Alain Planchon (collaborateur)
Mnam-CCI, BK, n.c. - FRAC Centre, PARE - SIAF/CAPA/archives, 056 Ifa

1975-1976 Collège *Jean Moulin*, Rouffach
avec Claude Gwinner (arch.); Denis Steinmetz (art.)
FRAC Centre, PARE

1976

1976-1979 Lycée professionnel *Françoise Dolto*, Olivet
avec Alexandra Cot (art.)
FRAC Centre, PARE

1976-1978 Lycée *René Cassin*, Arpajon
avec Sylvain Malisan (arch.), Anne Fourcade (collaboratrice), Alexandra Cot (art.)
Mnam-CCI, BK, n.c. - FRAC Centre, PARE

1976 Aménagement de l'Atelier d'architecture et d'environnement d'EDF, Courbevoie (détruit)
avec Alexandra Cot (art.), Alain Planchon (collaborateur)
FRAC Centre, PARE

1977

1977-1980 Collège *des Matagots*, La Ciotat
avec Alexandra Cot (art.), Alain Planchon (collaborateur)
Mnam-CCI, BK, n.c. - FRAC Centre, PARE

1977-1980 Résidence *l'Étoile du Sud*, Paris
Mnam-CCI, BK, n.c. - FRAC Centre, PARE - SIAF/CAPA/archives, 056 Ifa

1977 Escalier de l'appartement de M. Z., n.l.
avec Alberto Pinto (décorateur)

1978

1978-1981 Lycée *Gérard de Nerval*, Luzarches
avec Luc Martel (arch.), Alexandra Cot (art.)
Mnam-CCI, BK, n.c. - FRAC Centre, PARE

1978 Aménagement de la boutique de Gilbert Feruch, Paris (détruit)
Mnam-CCI, BK, n.c.

1979

1979-1997 Centrale nucléaire, Chooz B
avec Pierre Villière (arch.), Chloé Parent (mise en couleur), Yves Alexandre (paysagiste)
Mnam-CCI, BK, n.c. - FRAC Centre, PARE - SIAF/CAPA/archives, 056 Ifa

1979-1981 Collège *Croix Rouge III*, Reims
avec Bernard Fouqueray (arch.), L. Merklein (art.)
Mnam-CCI, BK, n.c. - FRAC Centre, PARE

1980

1980-1991 Pavillon et jardin du domaine de Maucreux, Faverolles
Mnam-CCI, BK, n.c. - FRAC Centre, PARE

1981

1981-1984 SEPTEN, Villeurbanne
avec René Gimbert et Jacques Vergély (arch.), Jérôme Vital-Durand (paysagiste), Dominique Meuriot (collaboratrice)
Mnam-CCI, BK, n.c. - FRAC Centre, PARE - SIAF/CAPA/archives, 056 Ifa

1981-1982 Aménagement de l'entrée de l'hôpital Cochin, Paris
Mnam-CCI, BK, n.c.

1984

1984-1992 Théâtre *Silvia Monfort*, Paris
avec Dominique Meuriot et Alain Planchon (collaborateur), Alain Lobal (arch.), Chloé Parent (mise en couleur), Bernard Jaunay (scénographe)
Mnam-CCI, BK, n.c. - FRAC Centre, PARE

1985

1985-1987 Collège *Vincent d'Indy*, Paris
avec Chloé Parent (mise en couleur), Michel Carrade et Léonard Rachita (art.)
Mnam-CCI, BK, n.c. - FRAC Centre, PARE

1987

1987-1991 Hôtel de région, Marseille
avec Christian Biaggi et Bruno Maurin (arch.), M. Delepierre (paysagiste)
Mnam-CCI, BK, n.c. - FRAC Centre, PARE

1988

1988-1989 Lycée *René Char*, Avignon
avec Pierre Croux, Gilles Gregoire et Jacques Vignaud (arch.), Chloé Parent (mise en couleur)
Mnam-CCI, BK, n.c. - FRAC Centre, PARE

1989

1989-1991 Usine Kimberley-Clark, Villey-Saint-Étienne
avec Claude Prouvé
Mnam-CCI, BK, n.c. - FRAC Centre, PARE

1989-1992 Immeuble Consultant Plus, Nîmes
avec Pierre Morel et Alain Chauvel (arch.)
Mnam-CCI, BK, n.c. - FRAC Centre, PARE

1990

1990-1996, *Aéronef*, Tremblay-en-France
avec Christian Morandi, Dominique Meuriot et Chloé Parent (collaborateur)
Mnam-CCI, BK, n.c. - FRAC Centre, PARE

1991

1991-1996 Centre Myslbek, Prague
avec Zdeněk Hölzel et Jan Kerel (arch.), Daniel Poissonnet (aménagement intérieur)
Mnam-CCI, BK, n.c. - FRAC Centre, PARE

1991-1996 Immeuble *Cap Ampère*, Saint-Denis
avec Reichen & Robert (arch.), Sgard & Hardy (paysagiste), Jean-Michel Wilmotte (aménagement intérieur)
Mnam-CCI, BK, n.c. - FRAC Centre, PARE

1992

1992 Aménagement de l'appartement de Jacques Champy, Neuilly-sur-Seine

1993

1993-1998 Hôtel de ville, Lillebonne
avec Jean-Claude Duvallet (arch.), Chloé Parent (mise en couleur)
Mnam-CCI, BK, n.c. - FRAC Centre, PARE

1994

1994-1995 Réaménagement des circulations du lycée *Claude Monet*, Paris
Mnam-CCI, BK, n.c.

1996

1996 *Le Monolithe fracturé*, Biennale d'architecture, Venise (détruit)
Mnam-CCI, BK, n.c.

1996-1999 Surélévation de la maison Parent, Neuilly-sur-Seine

Audrey JEANROY
Docteur en histoire de l'art
Maître-assistante associée à l'École nationale supérieure d'architecture de Lyon

BIBLIOGRAPHIE

Loin d'être exhaustive, cette bibliographie, dont la mise en texte suit l'ordre chronologique, est une compilation qui intègre les références bibliographiques essentielles. Pour un aperçu plus complet on renvoie à la compilation rédigée en 2010 par Christel Frapier et Audrey Jeanroy sous la direction de David Peyceré et Sonia Gaubert à la Cité de l'architecture et du patrimoine/IFA, Centre d'archives d'architecture du XXe siècle et à la thèse sur Claude Parent, soutenue par Audrey Jeanroy en 2016 (voir : Travaux Universitaires).

ÉCRITS DE CLAUDE PARENT

PARENT Claude, *Vivre à l'oblique. L'aventure urbaine*, Paris, Claude Parent Editions, 1970.

PARENT Claude, *Cinq réflexions sur l'architecture*, Cahier 1 de la Maison de la Culture de Nevers et de la Nièvre, Nevers, Imprimerie Raffestin, 1972.

PARENT Claude, *Réflexions sur l'artisanat*, Maison de la Culture de Mâcon, Macon, Editions Action culturelle mâconaise, collection Formes & figures, 1973.

PARENT Claude, *Claude Parent Architecte*, Paris, Editions Robert Laffont, collection Un homme et son métier, 1975.

PARENT Claude, *L'architecture et le nucléaire*, Paris, Editions du Moniteur, collection Architecture, 1978.

PARENT Claude, *Entrelacs de l'oblique*, Paris, Editions du Moniteur, collection Architecture. Les Hommes, 1981.

PARENT Claude, *L'architecte, bouffon social*, Paris, Editions Casterman, collection Synthèses contemporaines, 1982.

PARENT Claude, *Colères ou la Nécessité de détruire*, Marseille, Editions Michel Schefer, 1982.

PARENT Claude, *Les Maisons de l'Atome*, Paris, Editions du Moniteur, 1983.

THURNAUER Gérard, PARENT Claude, SIMOUNET Roland et al., *Appel pour une métropole nommée Paris*, Paris, Editions Association 75021, Paris, 1988.

PARENT Claude, BLIN Pascale, *Claude Parent Carnets de croquis*, Paris, A tempera Editions, 1992.

PARENT Claude, *L'Architecture*, Rosny-sous-Bois, Editions Techniques et Impressions, 1993.

PARENT Claude, *Conférences Paris d'architectes*, Paris, Pavillon de l'Arsenal, 1994.

PARENT Claude, *La ville bousculée*, Paris, Editions du Pavillon de l'Arsenal, collection Les Mini PA, 1995.

PARENT Claude, VIRILIO Paul, *Architecture Principe 1966 et 1996*, Besançon, Editions de l'Imprimeur, 1996.

PARENT Claude, VIRILIO Paul, *The oblique function*, New York, Columbia University, 1997.

PARENT Claude, *Architectes repères, repères d'architecture : 1950-1975*, Paris, Pavillon de l'Arsenal, 1998.

PARENT Claude, *Errer dans l'illusion*, Paris, Les architectures hérétiques, 2001.

SARMADI Mehrad, PARENT Claude, *Quand les bouffons relèvent la tête*, Paris, Les architectures hérétiques, 2001.

PARENT Claude, *Cuit et archi-cuit*, Paris, Les architectures hérétiques, 2002.

PARENT Claude, *Vivre à l'oblique*, Paris, Editions Jean-Michel Place/architecture/archives, 2004.

PARENT Claude, *Claude Parent : Le cœur de l'oblique*, Paris, Editions Jean-Michel Place, collection Sujet-Objet, 2005.

PARENT Claude, *Open limit*, workshop printemps 2005, Paris, Ecole spéciale d'architecture, 2005.

PARENT Claude, *Portraits d'architectes (impressionistes et véridiques)*, Paris, Norma Editions, collection Essais, 2005.

Réception par Roger Taillibert, de l'Académie des Beaux-Arts, de Claude Parent, élu membre de la section d'architecture au fauteuil précédemment occupé par Jean Balladur, Paris, Institut de France, Académie des Beaux-Arts, 2006.

PARENT Claude, *Colères et passions. Claude Parent.* Textes réunis et présentés par Pascale Blin, Paris, Editions du Moniteur, collection Questions d'architecture, 2007.

PARENT Claude, *La fonction oblique* : séance du 10 mai 2006, Paris, Académie des Beaux-Arts, 2007.

PARENT Claude, « L'œuvre architecturale et sa patrimonialisation », in COLL., *Architectures et patrimoines du XXe siècle : de l'indifférence à la reconnaissance*, Actes du colloque, Saint-Nazaire, Cinéville, 9-10 novembre 2006, Editeur CAUE de Loire-Atlantique, 2009, p. 88-98.

PARENT Claude, *Demain, la terre*, Paris, Manuella Editions, 2010.

PARENT Claude, *Le déclin*, précédé de *Cuit et archi-cuit*, suivi de *L'Architecture*, Paris, Editions l'OEil d'or, collection Formes & figures, 2009.

PARENT Claude, *Le carnet de la fracture*, Paris, Manuella Éditions, 2012, non paginé.

OUVRAGES SUR CLAUDE PARENT

CLEMENTE Fernande, *Problemi della città*, Bologne, Université de Bologne, 1967.

FULLAONDO Juan Daniel (dir.), *Claude Parent, Paul Virilio, 1955-1968, architectos*, Madrid, Editorial Alfaguara, Barcelona, Nueva forma, 1970.

ZEVI Bruno, *Cronache di architettura*, Bari, Laterza, 1971, n. 159 et 1973, n. 275.

ZEVI Bruno, *Vivre à l'oblique*, catalogue de l'exposition présentée au Studio Farnese Cava, mai-juin 1972, s.l., s.n., s.d.

OUDIN Bernard, *Dictionnaire des architectes*, Paris, Editions Seghers-Robert Laffont, 1971.

PARENT Nicole, *Un sol à travailler, une gymnastique à vivre : L'indipan*, Paris, Robert Laffont, 1972.

LEMBO Filiberto, *Vivere all'obliqua*, Bologne, Calderini, 1978.

RAGON Michel, *Claude Parent, monographie critique d'un architecte*, Paris, Editions Dunod, collection Espace et architecture, 1982.

Claude Parent architecte. Dessins utopiques, catalogue d'exposition, Paris, Galerie 1900-2000, 1990 [Préface de Gérald Gassiot-Talabot].

COLL., *Paris, architecture contemporaine, 1955-1995*, Paris, Felipe Ferré Editions, collection Cahiers du patrimoine architectural de Paris, n. 1, 1993.

JOHNSTON Pamela, *The Function of the Oblique : the architecture of Claude Parent and Paul Virilio, 1963-1969*, London, AA Publications, 1996.

MIGAYROU Frédéric (dir.), *Bloc, le monolithe fracturé*, présentation de la participation française à la VIe Mostra de Venise, avec les ouvrages de André Bloc, Frédéric Borel, Odile Decq et Benoît Cornette, Decoï architectes, Jean Nouvel, Claude Parent, Claude Parent et Paul Virilio, Roche, DSV et Sie, Bernard Tschumi, Orléans, Editions Hyx, 1996.

COLL., *Architectures expérimentales, 1950-2000. Collection du Frac Centre*, Orléans, Hyx, 2003.

NICOLETTI Manfredi, *Claude Parent. La funzione obliqua*, Turin, Testo & Immagine, 2003.

PARENT Claude, JOLY Christophe, Virilio Paul, *Eglise Sainte-Bernadette à Nevers. Claude Parent, Paul Virilio*, Paris, Editions Jean-Michel Place/architecture/archives, 2004.

THIBAULT Jean-Michel (dir.), *Royan 2003. Renouveau de l'architecture sacrée à la reconstruction*, Paris, Editions du CAUE 17, 2004.

SAINT-PIERRE Raphaëlle, *Villas 50 en France*, Paris, Norma Editions, 2005.

DE CANCHY Jean-François, TARSOT-GILLERY Sylvaine (dir.), *Réhabiliter les édifices métalliques emblématiques du XXème siècle*, actes du colloque, Cité internationale universitaire de Paris, 17 novembre 2006, coédition L'œil d'or et Cité internationale universitaire de Paris, 2008.

PARENT Chloé (dir.), *Claude Parent vu par... 50 témoignages du monde entier*, Paris, Editions Le Moniteur, 2006.

FREMAUX Céline (dir.), *Architecture religieuse au XXe siècle. Quel patrimoine ?*, Actes du colloque tenu à Lille, 25-26 mars 2004, Rennes, Presses Universitaires de Rennes, Paris, INHA, collection Art et société, 2007.

COLL., *Architecture sculpture, collections FRAC Centre et Centre Pompidou*, Orléans, Editions Hyx, 2008.

Claude Parent : villes boucliers, Galerie Nathalie Seroussi, n.d. (2010 ?).

MIGAYROU Frédéric (dir.), *Nevers Architecture Principe : Claude Parent Paul Virilio*, Orléans, Editions Hyx, 2010.

MIGAYROU Frédéric, DE MAZIERES François, RAMBERT Francis, LACATON Anne, VASSAL Jean-Philippe, *Claude Parent : l'œuvre construite, l'œuvre graphique*, catalogue de l'exposition présentée à la Cité de l'architecture et du patrimoine (Paris, 20 Janvier-2 Mai 2010), Paris, coédition HYX et Cité de l'architecture et du patrimoine/IFA, 2010.

TRAVAUX UNIVERSITAIRES

DEMONEIN Pascale, *Le Design. Jean Prouvé, Claude Parent*, Grenoble, École nationale supérieure d'architecture de Grenoble, 1984. (Mémoire dir. Sergio Ferro).

DELANES Sabine, *Monographie de la maison de l'Iran à la Cité Internationale Universitaire de Paris*, Paris, Université de Paris 1 Panthéon-Sorbonne, 1996. (Maîtrise sous la dir. de Gérard Monnier).

LAVATELLI Stéphanie, *Le processus artistique 1950-1968 : une démarche de conception*, Nancy, École nationale supérieure d'architecture de Nancy, 1997. (Mémoire dir. Pascal Perris).

NOURRIGAT Elodie, *Guetteur 01 : l'architecture comme prétexte*, Montpellier, École nationale supérieure d'architecture 1999. (TPFE, dir. Guy Jourdan).

FRAPIER Christel, *Claude Parent ou la recherche d'une dynamique architecturale*, Tours, Université François Rabelais, 2000. (Mémoire de maîtrise, dir. Jean-Baptiste Minnaert).

LELONG Franck, *Espace d'architecture*, Paris, École nationale supérieure d'architecture de Paris-Belleville, 2001. (Mémoire dir. Patrice Franck Alexandre).

FLAMMARION Camille, *Enveloppes unitaires*, Paris, École nationale supérieure d'architecture de Paris-Belleville, 2004 (Mémoire dir. Janine Galiano).

JEANROY Audrey, *Les maisons individuelles de Claude Parent (1923) vues à travers les archives du FRAC Centre : 1952-1973*, Tours, Université François Rabelais, 2006-2007. (Mémoire de Master d'Histoire de l'Art, dir. Jean-Baptiste Minnaert).

MAZARS Guillaume, *Eglise Sainte-Bernadette du Banlay*, Paris, École nationale supérieure d'architecture de Paris-Belleville, 2006. (Mémoire dir. Ginette Baty-Tornikian).

DIAS Philippe, GRIPOIX Clément, *Maison des arts hybrides*, Paris, École nationale supérieure d'architecture Paris-Val de Seine, 2007. (Mémoire dir. Noël Baduel).

LAVERGNE Michael, *L'image du nucléaire français*, Villeneuve-d'Ascq, École nationale supérieure d'architecture et de paysage de Lille, 2007 (Mémoire dir. Marie-Céline Masson, Eric Monin).

CRESPO Milena, *La Fondation Avicenne à la Cité internationale universitaire de Paris. Problématique de conservation du patrimoine du XXe siècle*, Paris, Ecole du Louvre, mai 2014 (Mémoire dir. Isabelle Pallot-Frossard).

JEANROY Audrey, *Claude Parent, architecture et expérimentation, 1942-1996 : itinéraire, discours et champ d'action d'un architecte créateur en quête de mouvement*, Tours, Université François Rabelais, 2016 (Thèse de doctorat en Histoire de l'Art sous la direction de Jean-Baptiste Minnaert).

ARTICLES

« Habitation à Ville-d'Avray », *L'Architecture d'Aujourd'hui*, n. 48, octobre 1953, p. 10-13.

« Exposition de l'Habitation, esplanade des Invalides : pierre prétaillée ; sapin massif contrecollé ; ossature acier et ciment projeté ; maison économique ; maison en bande continue », *L'Architecture d'Aujourd'hui*, n. 53, mars-avril 1954, p. XVII-XIX.

« Les escaliers », », *L'Architecture d'Aujourd'hui*, n. 56, octobre 1954, p. 80-85.

« Habitation individuelle à Champigny-sur-Marne », *L'Architecture d'Aujourd'hui*, n. 59, avril 1955, p. XXXI.

« Habitation à Issy-les-Moulineaux », *L'Architecture d'Aujourd'hui*, n. 62, novembre 1955, p. 46.

« Habitation économique dans la région parisienne », *L'Architecture d'Aujourd'hui*, n. 62, novembre 1955, p. XXI.

« Habitation à Meudon », *L'Architecture d'Aujourd'hui*, n. 62, novembre 1955, p. 46-47.

« Habitations groupées à Rueil-Malmaison », *L'Architecture d'Aujourd'hui*, n. 74, novembre 1957, p. XXXVII.

« Super-marché à Nanterre, France : conception de Claude Parent », « Centre commercial de Rueil, France : Sonrel et Duthilleul, architectes. Conception du super-marché par Claude Parent », *L'Architecture d'Aujourd'hui*, n. 83, avril-mai 1959, p. 32-33, 34.

« Maison "Soultrait", revue », *L'Architecture d'Aujourd'hui*, n. 84, juin 1959.

« Habitation expérimentale au cap d'Antibes : conception architecturale d'André Bloc et Claude Parent ; René Sarger, ingénieur », *L'Architecture d'Aujourd'hui*, n. 86, octobre-novembre 1959, p. 12-15.

« Projet d'un ensemble touristique à San Juan de Porto Rico. Equipe : G. Candilis, A. Josic, S. Woods, C. Parent », *L'Architecture d'Aujourd'hui*, n. 86, octobre-novembre, 1959, p. XXXI.

« Projet d'église pour la région parisienne : conception architecturale d'André Bloc et Claude Parent », *L'Architecture d'Aujourd'hui*, n. 86, octobre-novembre 1959, p. 100-101.

« Maison "Perdrizet" à Champigny. Toute la ville en parle. Les voisins la regardent avec ironie ou admiration. Ils n'y sont pas encore habitués. Les passants la montrent du doigt », *Elle*, avril 1960.

« Théâtre mobile de Polieri. Étude plastique d'André Bloc et Claude Parent », *L'Architecture d'Aujourd'hui*, n. 94, février 1961.

« Station service du centre commercial de la Châtaigneraie, grosse structure libérée du détail de revêtement, avec G. Bertrand », », *L'Architecture d'Aujourd'hui*, n. 99, décembre 1961.

« Structures suspendues », « Structures prétendues », *L'Architecture d'Aujourd'hui*, n. 99, décembre 1961-janvier 1962, p. 56-63, 84-99.

« Projet de chapelle, avec André Bloc », », *L'Architecture d'Aujourd'hui*, n. 100, février 1962.

« Paris du 21ème siècle », *Paris-Match*, novembre 1963.

« Maison des jeunes », *L'Architecture d'Aujourd'hui*, n. 112, février-mars 1964, p. 20-25.

VIRILIO Paul, « Groupe Architecture Principe - pour une architecture réflexe : projet pour un centre paroissial Sainte-Bernadette à Nevers, France », *L'Architecture d'Aujourd'hui*, n. 119, mars 1965, p. 56-57.

GOULET Patrice, « Cinq groupes d'architectes, parmi lesquels Parent et Virilio », *L'Architecture d'Aujourd'hui*, n. 139, septembre 1966.

« Maison expérmentale au cap d'Antibes », *L'Architecture d'Aujourd'hui*, n. 128, octobre-novembre 1966, p. 20-25.

PARINAUD André, « La ville verticale est morte, le nouvel ordre sera oblique ! », *Arts*, n. 23, 1966.

GAILLARD Marc, « Architecture à gravir », *Urbanisme*, n. 92, 1967.

GASSIOT-TALABOT Gérald, « La fonction oblique, architecture ou mystique », *Opus International*, n. 2, 1967.

ZEVI Bruno, « Ancora architettura principe », *L'Architettura. Cronache e storia*, a. XII, n. 735, 1967.

« Livre », *Nueva Forma*, n. 25, 26, 27, 1968.

« Habitation à Versailles : Claude Parent architecte, D. M. Davidoff, ingénieur-conseil, Fatus, aménagements intérieurs », *L'Architecture d'Aujourd'hui*, n. 136, février-mars 1968, p. 82-85.

PARENT Claude, « La maison - test d'expérimentation », *L'Architecture d'Aujourd'hui*, n. 136, février-mars 1968, p. 62-63.

« Habitation expérimentale à Saint-Germain-en-Laye : architecture : Claude Parent, Paul Virilio, groupe architecture principe », *L'Architecture d'Aujourd'hui*, n. 136, février-mars 1968, p. 86-87.

BOSSARD Paul, PARENT Claude, RENAUDIE Jean, « Trois architectes respondent », *L'Architecture d'Aujourd'hui*, n. 138, juin-juillet 1968, p. 30-33.

PARENT Claude, VIRILIO Paul, « Architecture principe », *L'Architecture d'Aujourd'hui*, n. 139, septembre 1968, p. 75-80.

« Tendances », *L'Architecture d'Aujourd'hui*, n. 139, septembre 1968.

« Actualité France : Super magasin Reims Tinqueux », *L'Architecture d'Aujourd'hui*, n. 149, avril-mai 1970, p. 106-113.

« Experiment in living, Oblique lifetime », *Home Furnishing Daily*, mars 1971.

VINSON R. J., « L'espace oblique », *Connaissance des Arts*, n. 232, 1971.

« Usine Thomson Houston », *L'Architecture d'Aujourd'hui*, n. 165, décembre 1972-janvier, 1973, p. 98-99.

ZEVI Bruno, SCHEIN Ionel, PEDIO R., « Claude Parent », *L'Architettura. Cronache e storia*, numéro monographique consacré à Claude Parent, a. XVIII, n. 10, février 1973.

LAURE Jean-Louis, « Les commerces, lieux de vie ; Centre commercial de Kuzuha ; Le nouveau marché à bestiaux de Chiesanueva à Padoue ; Supermarchés de Sens et de Ris-Orangis », *L'Architecture d'Aujourd'hui*, n. 168, juillet-août 1973, p. 74-87.

« Les espaces de l'architecte », *L'Architecture d'Aujourd'hui*, n. 182, novembre-décembre 1975, p. 1-56.

« CES à Epinay-sur-Seine et à Guichen ; CES à Viarmes ; CES à Ancemont dans la Meuse », *Techniques et architecture*, n. 308, mars 1976, p. 66-71.

CHARALABIDIS Constantin, MEURICE Philippe, « Analyse de l'architecture des lieux de travail industriel », *Techniques et architecture*, n. 314, mai 1977, p. 68-95.

« Maison sur un gratte-ciel défunt. Claude Parent », *L'Architecture d'Aujourd'hui*, n. 200, décembre 1978, p. 42-43.

« Colline solaire, projet de ministère, La Défense, Paris », *L'Architecture d'Aujourd'hui*, n. 208, avril 1980, p. 69-72.

« Résidence d'été, Maucreux, Aisne, France », *L'Architecture d'Aujourd'hui*, n. 221, juin 1982, p. 89-93.

« Immeuble de bureaux pour l'EDF, Lyon-Villeurbanne », *L'Architecture d'Aujourd'hui*, n. 228, septembre 1983, p. 72-73.

« Claude Parent construit pour les enfants », *La Construction moderne*, n. 52, décembre 1987, p. 2-6.

« Les deux pères de l'Arche », *L'Architecture d'Aujourd'hui*, n. 264, septembre 1989, p. 18.

« Anthropophagie de l'esprit », *L'Architecture d'Aujourd'hui*, n. 265, octobre 1989, p. 40.

« Le virus de Klein », *L'Architecture d'Aujourd'hui*, n. 266, décembre 1989, p. 20.

« L'architecture en morceaux », *L'Architecture d'Aujourd'hui*, n. 268, avril 1990, p. 52.

« Vous avez dit transparence ? », *L'Architecture d'Aujourd'hui*, n. 269, juin 1990, p. 24.

« Le temps qui court », *L'Architecture d'Aujourd'hui*, n. 271, octobre 1990, p. 30.

« Le bourgeois et le militant », *L'Architecture d'Aujourd'hui*, n. 273, février 1991, p. 34.

« Le circonstanciel et le préalable », « Claude Parent », *L'Architecture d'Aujourd'hui*, n. 274, avril 1991, p. 30, 112.

« Préfabrication pour un lycée original », *La Construction moderne*, n. 66, avril 1991, p. 2-5.

« Agir dans l'indiscernable », *L'Architecture d'Aujourd'hui*, n. 277, octobre 1991, p. 58.

SALON Didier, « L'hôtel de la région Provence-Alpes-Côte-d'Azur s'inscrit dans la ville », *La Construction moderne*, n. 70, décembre 1991, p. 2-5.

« Berlin mémoire », *L'Architecture d'Aujourd'hui*, n. 279, février 1992, p. 32.

« Théâtre Sylvia-Montfort », *Le Moniteur architecture*, AMC, n. 29, mars 1992, p. 11-13.

« News archi : Claude Parent à l'est de Berlin », *Architecture intérieure crée*, n. 249, août-septembre 1992, p. XVIII.

« Claude Parent », *Le Moniteur architecture*, AMC, n. 36, novembre 1992, p. 36-39.

« Les réalisations de 1992 : loisirs », *Le Moniteur architecture*, AMC, n. 37, décembre 1992, p. 106-115.

« Espace, où es-tu ? », *L'Architecture d'Aujourd'hui*, n. 285, février 1993, p. 23.

« Tradition et libre projet », *L'Architecture d'Aujourd'hui*, n. 286, avril 1993, p. 8.

« Sens inverse ou sens interdit ? », *L'Architecture d'Aujourd'hui*, n. 289, novembre 1993, p. 24.

« Ruines ou débris ? », *L'Architecture d'Aujourd'hui*, n. 290, décembre 1993, p. 21.

« Lire, écrire, construire », *L'Architecture d'Aujourd'hui*, n. 291, février 1994, p. 22.

« Un si joli cimetière, à Beaubourg », *L'Architecture d'Aujourd'hui*, n. 292, avril 1994, p. 30.

« L'aéronef : Centre d'animation de Roissypole », *Formes et structures*, n. 2, 2e trimestre 1994, p. 25-27.

« Assurance qualité ? Une bien vilaine bataille », *L'Architecture d'Aujourd'hui*, n. 293, juin 1994, p. 18.

« Éloge du mur, fondement de l'architecture », *L'Architecture d'Aujourd'hui*, n. 294, septembre 1994, p. 18.

RAMBERT Francis, « Parent à Roissy : les suites de la fracture », *D'A. D'Architectures*, n. 55, mai 1995, p. 28-29.

« Correspondance », *L'Architecture d'Aujourd'hui*, n. 302, décembre 1995, p. 136.

« Équipements », *Le Moniteur architecture*, AMC, n. 67, décembre 1995, p. 96-115.

PARENT Chloé, PARENT Claude, « Roissy. L'aéronef : aéroport Charles-de-Gaulle. Centre d'animation de Roissypole », *Architecture méditerranéenne*, n. 48, janvier-juin 1996, p. 75-80.

« Métaphysique », *L'Architecture d'Aujourd'hui*, n. 303, février 1996, p. 120.

« Rappel à l'ordre », *L'Architecture d'Aujourd'hui*, n. 305, juin 1996, p. 128.

MIGAYROU Frédéric, « Bloc, Parent, une architecture critique », « Rebelles », *L'Architecture d'Aujourd'hui*, n. 306, septembre 1996, pp. 4-8 ; p. 128.

« Socialement vôtre », *L'Architecture d'Aujourd'hui*, n. 307, octobre 1996, p. 128.

« André Bloc par Claude Parent », *Le Moniteur architecture*, AMC, n. 74, octobre 1996, p. 49-51.

« Claude Parent : centre d'animation l'aéronef, Roissypole, Paris, France, 1993-1994 », *Zodiac*, n. 16, septembre 1996-février 1997, p. 152-155.

SAGOT Francois, « Chantier : géométrie complexe pour façades coulées en place », *Le Moniteur des travaux publics et du bâtiment*, n. 4872, 11 avril 1997, p. 70-71.

« EDF Production/Transport - Saint-Denis », *Formes et structures*, n. 124, 1997, p. 49-53.

« Immeuble MYLSBECK à Prague », *Techniques et architecture*, n. 430, 1997.

« Hypersurface architecture, 1 », *Architectural design*, n. 5-6, mai-juin 1998.

BLIN Pascale, « Lillebonne, l'oblique, une dynamique politique », *D'A. D'Architectures*, n. 87, octobre 1998, p. 16-17.

CIVIDINO Hervé, , « Lillebonne, Hôtel de Ville, un kaléidoscope de lumière, entretien avec Claude Parent », *La Construction moderne*, n. 95, 1998, p. 1-7.

« Il linguaggio à l'oblique di Claude Parent », *L'Architettura. Cronache e storia*, n. 507, 1998.

« Claude Parent : Lillebonne municipio », *L'Architettura. Cronache e storia*, n. 519, 1999.

« Flight of Fancy », *World Architecture*, n. 40, 1999.

LAURENT Norbert, « Saint-Denis-Cap Ampère, architecte Claude Parent. EDF met le cap sur Saint-Denis », *La Construction moderne*, n. 99, 1999, p. 1-7.

ROUILLARD Dominique, « Dix-neuf-cent-soixante [1960] : Candilis, Josic, Woods », *Le Moniteur architecture*, AMC, n. 103, décembre 1999, p. 126-127.

PARENT Claude, RAMBERT Francis, « Claude Parent », *D'A. D'Architectures*, n. 100, mars 2000, p. 12-15.

PARENT Claude, « De quelques mondes inventés par les architects », *Revue 303*, n. 66, juillet-septembre 2000, p. 18-25.

PEPPONI L. C., « Il simbolo di un comune in via di sviluppo : il municipio di Lillebonne, Francia », *L'industria del cemento*, n. 9, septembre 2000.

« Sans doute ? Cent architectes parlent doctrine : cent textes... », *Les Cahiers de la recherche architecturale et urbaine*, n. 5/6, octobre 2000, p. 17-224.

BLIN Pascale, « Un étage plus haut », *D'A. D'Architectures*, n. 109, avril 2001, p. 44-49.

PEPPONI L. C., « Una nave di cemento armato », *L'industria del cemento*, n. 74, mars 2002.

BIDEAU André, « Den Raum ergründen, Parent, Virilio und die Theorieplattform Architecture Principe », *WERK, Bauen + Wohnen*, n. 11, novembre 2002.

« Claude Parent und die Folgen = Claude Parent et ce qui s'ensuivit ; Claude Parent and the consequence »*WERK, Bauen + Wohnen*, n. 11, novembre 2002, p. 3-45.

MIGAYROU Frédéric, « Claude Parent und die folgen », *Gestörtes Gleichgewicht*, stationen im Werk von Claude Parent, 2002.

VIOLEAU Jean-Louis, « Trente ans après, les espaces commerciaux de Claude Parent », *Le Moniteur architecture*, AMC, n. 131, février 2003, p. 58-64.

VERAN Cyrille, « Architectures expérimentales des années 50 à nos jours », *Le Moniteur des travaux publics et du bâtiment*, n. 5198, 11 juillet 2003, p. 49.

RAMBERT Francis, « Claude Parent. L'architecte de tous les possibles », *Connaissance des arts*, n. 608, septembre 2003, p. 74-79.

« Les trois vies de la villa Ex », *Architecture intérieure crée*, n. 315, juillet-août 2004, p. 52-57.

GERMAIN Christiane, « L'enfant terrible », *La Maison française*, n. 537, 2005, p. 43-44.

COGNI Francesca, « Claude Parent, la città ribelle = The rebel city », *Domus*, n. 887, décembre 2005, p. 68-71.

FINESSI Beppe, FORADINI Flavia, IRACE Fulvio, « Bunker », *Abitare*, n. 458, février 2006, p. 84-98.

SAINT-PIERRE Raphaëlle, « Les maisons de Claude Parent », *A vivre*, n. 31, juillet-août 2006, p. 102-111.

PARENT Claude, « 1968. Retour sur les lieux du crime ou la glorification du trois-pièces cuisine ! Claude Parent, architecte », *L'Architecture d'Aujourd'hui*, n. 370, mai-juin 2007, p. 82-87.

MAGROU Rafael, « La fonction oblique (re)visitée. Entretiens avec Claude Lévêque = Re-examinimg the use of the oblique », *Techniques et architecture*, n. 490, juin-juillet 2007, p. 44-47.

GUEZEL Jean-Charles, « Résidentiel - une équipe soudée au chevet de la Fondation Avicenne », *Le Moniteur des travaux publics et du bâtiment*, n. 5473, 17 octobre 2008, p. 70-71.

RASTELLO Magalie, « Entretien avec Claude Parent », *Azimuts*, n. 31, 2008, p. 69-74.

PARENT Claude, « Pour une revue engagée = For a committed magazine », *L'Architecture d'Aujourd'hui*, n. 374, novembre-décembre 2009, p. 15-22.

POY Cyrille, « Urbanisme Principe, Parent-Virilio - retrouvailles, sur fond de déliquescence urbaine = reunion, stages against backdrop of urban decay », *L'Architecture d'Aujourd'hui*, n. 375, décembre 2009-janvier 2010, p. 97-108.

GUINARD Rémi, « Films : Claude Parent, un homme d'image ? », *Archiscopie*, n. 91, janvier 2010, p. 22-23.

VIOLEAU Jean-Louis, « Du supermagasin à l'hypermarché, Claude Parent 30 ans après », *Le Moniteur architecture*, AMC, n. 194, février 2010, p. 80-87.

NAMIAS Olivier, « Claude Parent entre dans sa légende », *D'A. D'Architectures*, n. 189, mars 2010, p. 24-29.